大学生
创业基础

牛淑珍 · 主 编

复旦大学出版社

目录

CONTENTS

第五章　大学生创业起步　　　　　　　　　153

第一章

1

▶▶▶ 揭开创业面纱

第一节　创业与大学生创业

创业，顾名思义，创造事业。对于其内涵有着不同的理解和表达。《现代汉语词典》对"创业"一词的解释为"创办事业"。《创业学》一书认为，创业是一个发现和捕获机会并由此创造出新颖的产品或服务，实现其潜在价值的过程。也有学者认为，创业就是创业者把握机遇，通过投入时间和金钱并承担一定的风险，追求自我价值实现的一种过程。

一、创业的内涵

创业的内涵极其丰富，根据性质、类别的差别，可以从不同的角度理解。

从范围上看，创业有广义和狭义之分。广义的创业是指人类的创举活动，或指带有开拓、创新并有积极意义的社会活动。这种活动可以是盈利的，也可以是非盈利的，可以是经济方面的，也可以是政治、军事、文化、科学、教育等各个领域的。一个人根据自己的性格、兴趣、知识与能力等选择自己的角色、职业和工作岗位，在这一岗位上创造性地发挥自己的特长和才干，实现个人价值并为社会带来财富的活动，都属于创业。美国的荣斯戴特提出，"创业是一个创造增长的财富的动态过程"；斯蒂文森认为，"创业是一个人——不管是独立的还是一个组织内部的——追踪和捕捉机会的过程"；杰弗里·蒂蒙斯指出，"创业是一种思考、推理和行为方式……创业导致价值的产生、增加、实现和更新，不只是为所有者，也为所有的参与者和利益相关者"。

中央财经大学教授周卫中认为，创业是一个创造事业的过程。从大的方面来看，毛泽东领导中国人民建立中华人民共和国，邓小平、江泽民、胡锦涛、习近平几代领导人领导中国人民建设具有中国特色的社会主义事业，开创了中国的千秋大业。从小的方面来看，开创家业也是创业，个人开办一个餐馆，在淘宝网上开一个小小的店，也是创业的一种形式。

从狭义上看，现代社会所讲的创业概念，源于"entrepreneur（企业家、创业者）"一词，因而对其理解通常带有经济学的意味。比如：精细管理工程创始人刘先明认为，创业是指"某个人发现某种信息、资源、机会或掌握某种技术，利用或借用相应的平台或载体，将其发现的信息、资源、机会或掌握的技术，以一定的方式，转化、创造成更多的财富、价值，并实现某种追求或目标的过程"；郁义鸿、李志能在《创业学》一书中指出，创业是一个"发现和捕捉机会并由此创造出新颖的产品或服务，实现其潜在价值的过程"。

由此可知，狭义的创业特指个人或团队自主创办企业。我们可以将其描述为：创业个人或创业团队通过寻找和把握各种商业机会，投入已有的知识、技能和社会资本，调动并配置相关资源，创建新企业，为消费者提供产品或服务，具有创新或创造性的，以增加财富为目的的活动过程。

对创业的概念，我们还可以做如下解析。

（1）创业的主体是个人或小规模群体；

（2）创业的关键是商业机会的发掘与把握；

（3）创业者的身份是资源（知识、能力、社会资本等）所有者和资源配置者；

（4）创业需要创立新的社会经济单元；

（5）创业的价值实现有赖于将所提供的产品和服务在市场上转化为商品；

（6）创业是一个创造的过程，具有创新性；

（7）创业具有明确的目的性：增加财富，包括个人和社会的物质与精神财富。

拓展阅读

创业也是一种就业

对青年人来讲，创业也是一种就业。创业不仅能解决个人就业与发展问题，还能带动更多的人就业，因此，创业是一种更高层次的就业。

选择就业与创业两条道路，主要有以下几个方面的差别。

（1）担当的角色差异。两者在企业中的地位、所肩负的责任和使命均有较大差异。创业者通常处于新创企业的高层，在企业实体的创建过程中，创业者始终是负责人，始终参与其中；而就业者通常处于中低层，到达高层需要一个过程，也不需要对企业的成长负责，只需要做好本职工作就可以了。

（2）要求的技能差异。创业者通常身兼多职，既要有战略眼光，也要有具体的经营技能，从而要求其具备相当全面的知识和技能；就业者通常具备一项专业技能即可开展自己的工作。

（3）收益与风险差异。就业的主要投入是数年的教育成本，而创业除了教育成本外，还包括前期准备中投入的人力、物力和资金成本。一旦失败，就业者并不会丧失教育成本，但创业者会损失在创业前期投入的几乎一切成本；而一旦成功，就业者便只能获得约定的工资、奖金及少量的利润，创业者则会获得大多数经营利润，其数额理论上没有上限。

（4）成功的关键因素差异。就业在很大程度上可以依靠企业实体，但创业更多的还要考虑自身的经验学识与财力，以及各种需求和资源占有情况等条件。

（资料来源：徐俊祥，大学生创业基础知能训练教程［D］，北京：现代教育出版社，2014。）

二、大学生创业

大学生创业是指大学生毕业后不通过传统的就业渠道谋取职业，而是依靠自身的学识智慧、科技发明、专利成果等资源,通过独立或与他人合作开办公司、创办企业等形式开创自己的事业。大学生创业是市场经济深化发展的产物。

开展大学生创业教育是顺乎时代发展和大学教育要求的顺势之为。培养具有创新精神和创新能力的 21 世纪优秀大学生,是大学创业教育的首要目标。大学生创业,除了应考察是否拥有商业机会和资源优势以外,最为重要的就是要拥有具备创业意识和创业能力的优秀团队,大学生本身的人力资源素质将是创业成功的核心要素。

对于当前的大学生创业活动而言,我们可以用流行的 SWOT 模型对其优势、劣势、机会、威胁进行分析(见图 1-1),进一步为每一个梦想和立志创业的大学生,在大学就读期间提供理性、实用、针对性强的创业教育,帮助他们在创业精神、创业知识、创业能力、创业心理等方面打下基础,最终助推大学生成功创业。

Strength 优势	Weakness 劣势
具有较高的文化水平,领悟力强; 自主学习知识的能力强; 接受新鲜事物快,甚至是潮流的引领者; 思维普遍活跃,不管是敢不敢干,至少是敢想; 能熟练运用 IT 技术和互联网; 自信心较足,对认准的事情有激情去做; 年纪轻,精力旺盛; 没有成家的大学生暂无家庭负担。	缺乏社会经验、职业经历、人际关系和商业网络; 缺乏真正有商业前景的创业项目,许多创业点子经不起市场的考验; 缺乏商业信用,融资借贷困难重重; 纸上谈兵,创业设想大而无当,市场预测普遍过于乐观; 眼高手低,好高骛远,往往大谈"第一桶金",不谈赚"第一分钱"; 独立人格没有完全形成,缺乏对社会和个人的责任感; 心理承受能力差,遇到挫折就放弃; 整个社会文化和商业交往中往往不信任青年人,不利于年轻人的创业。
Opportunity 机会	Threat 威胁
政策支持,学校鼓励; 思想解放,敢为人先; 知识密集,技术先进; 社会实践,奠定基础。	创业环境的缺失; 浮躁的心态; 资金的短缺; 企业管理经验的缺乏; 销售渠道和营销经验的缺乏; 难以面对经营风险。

图 1-1　大学生创业的 SWOT 模型分析

(资料来源:孙晋晋,浅谈新形势下大学生创业模式的选择 [J],科技展望,2017 年第 6 期。)

三、大学生创业的意义

（一）大学生创业的社会意义

具体来说，大学生创业的社会意义有以下几点。

1. 促进经济发展

创业能够充分挖掘自身潜能，激活各类生产要素。越是创业活跃的地方，经济内生增长机制就越强，发展的基础就越扎实，经济社会发展也就越快。

创业不仅使创业者自己实现就业，还可以通过发展多元化创业主体和多种创业形式，发挥创业带动就业的倍增效应，提供更多的就业岗位，是人民群众增加收入、走向富裕的根本途径。只有创业社会化，才能就业最大化。

2. 带动社会活力

人是潜力最大的社会资源，只有通过创业，极大地调动全体劳动者的积极性、创造性，才能形成人人各展其能、各得其所、和谐相处的充满生机与活力的局面。在创业实践中尝了甜头、有了奔头、长了劲头，参与热情就会进一步高涨，创造潜能就能充分发挥，就能使人变得更加聪明、活跃、能干，从而促进人的全面发展。推进大学生创业，体现了尊重劳动、尊重知识、尊重人才、尊重创造的方针。因此，只有大力促进大学生创业，引导广大毕业生自立不依赖、自强不畏难、自信不自满、敢于闯新路、善于创大业，才能充分激发每一个社会细胞的活力，充分释放每一个市场主体的潜能，让全社会的创造活力竞相迸发。

3. 缓解就业压力

提升大学生的创业能力有利于解决大学生就业难的问题。在西方发达国家，比如，美国大学生自我创业的比重高达 20%—23%；而在我国，由于各方面的原因，大学生创业的比重相对偏低。如果大学生能够积极利用国家创业政策，以及自身创业优势，将能有效带动就业，缓解社会的就业压力。目前，各地区纷纷把"鼓励和支持高校毕业生自主创业"作为化解当前社会就业难的主要政策之一。

4. 造就创新型人才

为国家培养富有创新精神的新一代大学生是高校培养人才的新目标。因为创新是一个民族的灵魂,是一个国家兴旺发达的不竭动力,而具备创新能力的大学生是民族发展的不竭动力。大学生可以通过创业活动培养创新意识、开拓创新精神、培养创新能力,并将创新能力运用到创业实践中,为社会创造价值。

(二)大学生创业的个人意义

除为社会创造价值外,大学生创业对创业者本身也具有重要的意义。

1. 大学生创业有助于对书本知识的消化吸收

青年人的保守思想是最少的,尝试创业可以为今后的成功奠定坚实的基础。由于中国学生的创业意识较差,在美国读书的中国学生与美国学生之间往往形成这样一种反差:在班上,中国学生学习刻苦、成绩优异,但是美国的学生在毕业后甚至没毕业时,就已看准了方向,创办了公司,准备开发产品,他们请几个高人制定出一个开发方案,然后请中国学生做开发人员。最后挣大钱的是美国学生,而出大力的却是中国学生。马克思主义认识论告诉我们:认识来源于实践,实践检验认识。我们要把白纸上的黑字变成实际行动,不只要读读背背,还要把读过、背过的放到社会中去实践,从而更深刻地理解它们,而我们具体的实践也将成为理论知识新鲜血液的来源。

2. 大学生创业是提高实践能力的有效途径

目前,大学生就业市场的竞争日益激烈,企业招聘大学生,既要看毕业学校,还要看大学生实践经验,而实践能力水平的高低是用人单位选贤任能的重要标准之一。所以,对于毫无经验的大学生来说,创业是提高实践能力的有效途径。现如今,为了满足社会需求,很多高校开始注重培养在校生的实践能力,但是,学校和社会从各个方面来说,都存在着很多差异,高校培养大学生实践能力只是从一方面着手,但大学生创业却不同,它使得大学生深入社会,亲身感受社会，真真切切地培养了大学生动手动脑的能力，增强了大学生的社会实践能力，并在实践活动中使其积累实践经验，提高大学生发现问题、分析问题、解决问题的能力，增加大学生职业体验。

3. 大学生创业可以培养个体的创新意识和创新精神

培养创新型人才，推进高水平大学建设已成为高等教育的热点话题。社会各界也就如何培养大学生的创新意识、创业精神和创业品质，加强创业实践活动环节，开展了广泛的理论研讨与研究。创新意识及由此产生的创新活动，对于个人乃至民族的发展均有着重大的意义。近年来，商品经济时代的飞速发展，使铁饭碗时代一去不复返，取而代之的是愈演愈烈的失业危机和就业压力。在如此大的压力之下，具有创新思想就具有很重要的意义。只有具有创新意识和创新思想才能在激烈的竞争中脱颖而出，而大学生创业就是提高创新意识、培养创新精神的一种有效途径。在创业过程中，学会逻辑分析、全方位思考，面对问题不断改进、不断创新，提高了思维的活跃性。

4. 大学生创业可以促进自我价值的实现

理性的自主创业建立在对自我兴趣、能力及外部机会进行充分评估的基础上，对于那些有创业欲望的大学生，创业是他们最感兴趣、最愿意做、最值得做的事情。他们创业的源动力是谋求个人价值和社会价值的实现，他们期望在五彩缤纷的社会舞台中大显身手，最大限度地发挥自己的才能。也就是说，创业促进了目标的达成和自我价值的实现。

四、创业的基本要素

创业是创业者通过发现和识别商业机会，成立活动组织，利用各种资源，提供产品和服务，以创造价值的过程。创业不是简单地做自己的老板，而是一项系统工程，需要考虑到人、财、物、进、销、存、竞争、市场细分、定位、管理体系、团队、财务、退出机制等一系列的事情。

因此，创业的要素包括创业者、商业机会、技术、资金、人力资本、组织、产品服务七个方面。

（一）创业者

创业者是创业过程中处于核心地位的个人或团队，是创业的主体。创业者在创业过程中起着关键的推动和领导作用，包括识别商业机会、创建企业组织、融资、开发新产品、获取和有效配置资源、开拓新市场等。因而，创业者的素质和能力是创业能否成功的第一要素。

拓展阅读

创业者的基本类型

美国心理学家约翰·麦纳（John B. Miner）经过对 100 位事业有成的创业者进行的长达 7 年的跟踪调研，发现这些创业者存在共同的人格特质。约翰·麦纳根据特质的不同，将创业者分为四种类型：成就上瘾型、推销高手型、超级主管型和创意无限型。

1. 成就上瘾型创业者

这类创业者的人格特质主要表现为：必须拥有成就；渴望回馈；喜欢拟订计划和设计目标；具有强烈的进取心；对组织忠诚；相信以己之力可以改变生活；相信工作上应该由自己制定目标，不能受制于他人；对认定的事业表现出执著而不放弃的决心，坚持到底，不达目的不死心。

2. 推销高手型创业者

这类创业者的人格特质主要表现为：善于观察和体恤他人的感受；喜欢帮助他人；相信社会互动很重要；需要与他人发展良好的关系；有良好的交际能力；有强烈的合作意识；相信销售对执行公司经营战略十分重要。

3. 超级主管型创业者

这类创业者的人格特质主要表现为：很讲信用、很负责任；他们的能力、力量来自贯彻目标的决心；期望成为企业中的领导人物；具有决断力；对集体持肯定态度；喜欢与他人竞争；期望享有权力；渴望能够出人头地。

4. 创意无限型创业者

这类创业者的人格特质主要表现为：热爱创新，富有创意；相信新产品的研发对企业经营战略的执行十分重要；聪明过人；希望避免风险。有创意有主张，绝对与众不同，鹤立鸡群，有着强烈的冒险性及好奇心。

按照青年创业者的创业内容可以将创业者划分为以下几种类型。

1. 生产型创业者

生产型创业者是指通过创办企业推出产品的创业者，是以生产技术为主体，通常这种产品科技含量较高。比如，爱多的创业就是以生产 VCD 产品打开家电市场的。

2. 管理型创业者

管理型创业者就是指那些综合能力较强的创业者，他们对专业知识本来就十分精通，而且对企业管理、运作、市场、财务等十分熟悉，能够通过各种有效的企业管理手段，带动企业前进。

3. 市场型创业者

市场型创业者的一个重要特点就是注重市场，善于把握市场变化机会。在中国计划经济向市场经济转轨的过程中，涌现出大批的市场型创业者。海尔集团总裁张瑞敏就有一句名言："三只眼睛看世界。"其意思就是计划经济时期企业只要一只眼，即盯住政府就可以了；而市场经济条件下的企业则需要有两只眼，一只盯住市场，另一只盯住员工；而转型期的企业则需要具备第三只眼，也就是说盯住市场和员工之外，还要盯住政府出台的政策。

4. 科技型创业者

科技型创业者多与高校和科研机构相关联，以高科技为依托创办企业。20 世纪 80 年代之后，为了鼓励科技成果转化为生产力，国家推出了一系列鼓励高等院校和科研机构创办企业的措施。如今的许多知名科技企业的前身就是原来的"校办企业"和科研机构创办的"所办企业"，如北大方正、清华同方以及联想集团等。

5. 金融型创业者

金融型创业者实际上是一种风险投资家，他们向企业提供的不仅仅是资金，更重要的是专业特长和管理经验。他们不仅参与企业的经营方针和规划的制定，而且还参与企业的营销战略制定、资本运营以及人力资源管理。

（资料来源：戴育滨、张日新、张光辉，大学生创业者的内涵、分类与能力特征分析 [J]，科技创业月刊，2006 年第 10 期。）

（二）商业机会

商业机会是创业过程中的核心，创业从发现和识别商业机会开始。商业机会指没有被满足的市场需求，它是市场中现有企业留下的市场空缺。商业机会就是创业机会，它意味着顾客需要得到比当前更好的产品和服务。

（三）技术

技术是一定产品或服务的重要基础。产品与服务当中的技术含量，是企业满足社会和市场需求的支持保障，是企业的核心竞争力。资源是组织中的各种投入，包括各种人、财、物。资源不仅指有形资产，如厂房、机器设备等，也包括无形资产，如专利、品牌等；不仅包括个人资源，如个人技能、经营才能等，也包括社会网络资源，如信息、权力影响、情感支持、金融资本等。

（四）资金

无论处于哪个发展阶段，资金对于企业来说都是非常重要的。在企业快速发展时期，资金的缺口将直接限制企业的发展壮大。在创业之初，主要是靠自筹资金，而符合一定条件的创业者则有可能获得一定的政府扶持资金。

（五）人力资本

人力资本是创业的重要资源投入。成功的关键在于创业者的识人、留人、用人。形成创业的核心团队，制定有利的政策制度和有效的组织结构，建立良好的企业文化是建立人力资本的核心。

（六）组织

组织是协调创业活动的系统，是创业的载体，是资源整合的平台。创业型组织的显著特征，是创业者强有力的领导和缺乏正式的结构和制度。从广义来说，创业型组织是以创业者为核心形成的关系网络，不仅包括新设组织内的人，还包括这个组织之外的人或组织，如顾客、供应商和投资人。

（七）产品服务

产品服务是创业者为社会创造的价值，它既是创业者成功的必要条件，也是创业者对社会的贡献。正是通过为社会提供更多更好的产品服务，人类社会的财富才能日益增多，人们的生活才会变得丰富多彩。

第二节 大学生创业环境与现状

创业与社会环境的关系密不可分，成功的创业一定是创业活动本身和社会环境的完美结合。因此，要想创业成功，首先要学会分析创业的社会环境。创业的社会环境是一系列概念的集合体，是各种因素综合的结果，包括宏观环境和微观环境。了解创业环境及大学生创业现状，有助于大学生综合分析各方面因素，作出科学的创业决策，提高创业成功率。

一、创业环境分析

（一）创业宏观环境分析

任何一个企业的运作都是在一定的宏观环境下进行的，这些力量是"不可控制的"，对于任何企业都一样。创业企业必须对这些力量进行调查、分析和预测，以发现机会和风险，作出相应的营销战略和策略，使之与变化了的环境相适应。一个国家或者地区的市场开放程度、政府的国际地位、信誉和工作效率、金融市场的有效性、劳动力市场的完善与否、法律制度是否健全，形成了新创企业的外部宏观环境，它会对新创企业的生存和发展产生重要的影响。而这些环境因素的变化，给一些企业创造了机会，给另一些企业带来了威胁。

具体来说，创业的宏观环境包括政治法律与政策环境、经济环境、社会文化环境、科技与教育环境，简称 PEST 分析。PEST 分析是指宏观环境的分析，P 是政治（political system），E 是经济（economic），S 是社会（social），T 是技术（technological）。

1. 政治法律与政策环境

政治法律与政策环境指党和国家制定的相关法律与政策等。可以分为大政策环境与小政策环境，前者是针对所有创业者而言的，后者则是针对某一特定人群的。以大学生创业者为例，大政策包括民营企业的地位转变，大力扶持高新技术企业，高等院校的技术转让收入免征营业税，高等院校服务于各行业的技术成果转让、技术培训、技术咨询、技术服务、技术承包所取得的科技性服务收入暂免征收企业所得税，税收优惠政策向西部倾斜，《中华人民共和国中小企业促进法》，等等；小政策包括国家和各级政府为鼓励支持大学生自主创业，相继出台的一系列有利于大学生自主创业的政策。

2. 经济环境

经济环境指国家或地区的整体经济状况，包括经济发展水平、社会经济结构、经济体制、宏观经济政策、物价水平、劳动力情况等。比如，当前我国的经济结构正处于调整时期，为了科学协调发展，大力扶持高新技术企业已被列为我国政府新时期的主要任务之一。国家已经相继出台了诸多政策扶持措施，国务院还批准设立了用于支持科技型中小企业技术创新项目的政府专项基金，这类项目应该是大学生创业具有优势的项目。

3. 社会文化环境

社会文化环境指一个国家或地区的民族特征、人口状况、社会阶层、价值观念、生活方式、风俗习惯、宗教信仰、伦理道德、文化传统等的总和。大学生在创业时，要对自己产品的消费者有一个清楚的定位，应当密切注意人群特征及发展动向，不失时机地辨明和利用人口状况带来的市场机会。随着民众思想的不断解放，创业的文化环境也会得到不断的改善。

4. 科技与教育环境

科技与教育环境指一个国家或地区的科技发展水平、国民受教育程度、人力资源的开发程度，以及教育方式等。比如，我国职业教育学校中的广告设计专业的学生，他们即使在计划经济年代，绝大部分也会选择自主创业，因为他们的学习模式是边学边做，理论课课时只占其教学计划的20％，而实践课课时却占到了 80%，学生走出校门的时候，就已经是一个有着创意的职业人。

当然，PEST 环境系统并不是孤立地发挥作用，而是在创业者周围形成了影响合力。其中地区和行业环境对于创业者来说，影响更为直接，也更为具体。如省市地方政府的相关政策、社区政策等，还有公众压力集团，如当地居民、环保组织、其他利益集团的态度等。大学生创业者对地区环境的评价还应主要考虑以下因素。

创业者对该地区的熟悉程度；

创业者在该地区内有多大的影响力；

拟创立的企业在该地区内会产生怎样的影响；

哪些有影响的地区成员将支持或反对你要创办的企业；

创业者有哪些特别的人际关系技能来培养关键的地区关系；

采取什么样的实际步骤来加强地区支持，使当地创业机会最大化；

采取什么样的实际步骤来减少地区的反对并使当地问题最小化。

（二）创业微观环境分析

微观创业社会环境是直接制约和影响企业营销活动的力量和因素。分析微观市场环境的目的在于更好地协调企业与这些相关群体的关系，促进企业营销目标的实现。创业企业必须对微观环境因素进行分析。微观环境是指对企业服务其顾客的能力构成直接影响的各种力量，包括企业自身、供应商、营销中介、竞争者、顾客和社会公众。

1. 企业自身分析

针对服务其顾客的能力，企业开展营销活动要充分考虑到企业内部的环境力量和因素。企业是组织生产和经营的经济单位，是一个系统组织。企业内部一般设立计划、技术、采购、生产、营销、质检、财务、后勤等部门。企业内部各职能部门的工作及其相互之间的协调关系，直接影响企业的整个营销活动。

开展营销活动的部门与企业其他部门之间既有多方面的合作，也有矛盾。由于各部门各自的工作重点不同，有些矛盾往往难以协调。例如：生产部门关注的是长期生产的定型产品，要求品种规格少、批量大、标准订单、较稳定的质量管理；营销部门关注的是能适应市场变化、满足目标消费者需求的"短、平、快"产品，要求多品种规格、少批量、个性化订单、特殊的质量管理。所以，企业在制订营销计划、开展营销活动时，必须协调和处理好各部门之间的矛盾和关系。这就要求进行有效沟通，协调、处理好各部门的关系，营造良好的企业环境，更好地实现营销目标。

2. 供应商分析

供应商是指为企业进行生产所需而提供特定的原材料、辅助材料、设备、能源、劳务、资金等资源的供货单位。这些资源的变化直接影响到企业产品的产量、质量及利润，从而影响企业营销计划和营销目标的完成。

3. 营销中介分析

营销中介是指为企业营销活动提供各种服务的企业或部门的总称。营销中介对企业营销产生直接的、重大的影响，只有通过有关营销中介所提供的服务，企业才能把产品顺利地送达到目标消费者手中，营销中介的主要功能是帮助企业推广和分销产品。

4. 竞争者分析

（1）识别竞争者。

创业企业进行市场竞争环境分析，需要识别自己所面对的竞争对手。这似乎是一件简单的工作，就像柯达知道富士是自己的主要竞争对手一样。但是，创业企业实际的和潜在的竞争对手范围很广，它往往被新出现的企业或技术击败，就像柯达在胶卷业最大的竞争威胁来自数码相机。

（2）了解竞争内容。

创业企业所面临的市场竞争内容主要包括产品、价格、宣传、服务、信誉等各个方面。

（3）判别竞争者的目标。

竞争者的目标有长期目标和短期目标之分：长期目标一般是一年以上的，从战略角度出发确定其发展方向；短期目标一般是一年以下的，是为实现长期目标而制定的具体行动步骤。很多时候，竞争对手可能会确定一个组合目标：销售额、市场份额、现金流量、技术领先、服务领先等。创业企业需要了解竞争对手的加权目标，估计其对各种类型的竞争性攻击可能会做出何种反应。

（4）辨别竞争者的战略。

创业企业最直接的竞争者是那些为相同目标市场推行相同战略的人，一个战略群体就是在一个特定行业中推行相同战略的一组企业，一个企业需要辨别与自己竞争的那个战略群体，也就是最具威胁的对手所在地。此外，公司也必须关注其他群体，因为群体与群体之间也存在对抗。首先，某些战略群体所吸引的顾客群相互之间可能有所交叉；其次，顾客看不出他们的供应品有多少差异；最后，各个组别可能都想扩大自己的市场细分范围，特别是在规模和实力相当及在各组之间流动障碍较小的情况下，更是如此。

（5）评估竞争者的优势与劣势。

① 优劣势评估。市场中的各个竞争者是否能够正确执行其战略、达到其规划的目标，主要取决于如何发挥各自拥有的资源和能力。创业营销人员需要通过收集竞争者的关键数据，比如，市场销量、销售额、市场份额、毛利率、投资回报率等来了解有关竞争者的优势和劣势。对于竞争者的劣势，创业企业可以针对最成功的竞争者开展定点赶超。

② 竞争反应模式。竞争者对外部刺激的反应多种多样，创业营销人员需要了解竞争者的心理状态以预见其可能做出的反应，且根据反应强度和范围可以将竞争者的反应划分为六种模式。

a. 消极型防御者。此类竞争者可能是由于没有反击所需的资金，或者是信赖顾客忠诚性而选择坐观其变，并非立即采取反击行动。

b. 全面型防御者。此类竞争者为了使自己的地位不受侵犯，往往会对外部的威胁做出全面的反应，这样往往会将防御战线拉长，如此措施对单一的竞争对手可能效果不错，但是要用以同时对付多个对手就会显得力不从心，手忙脚乱。

c. 死守型反击者。此类竞争者的反击行动一般是最有效的，因为反击范围集中、信念强烈，其反击强度一般都很强，且持久。

d. 选择型反击者。此类竞争者可能只对某些类型的攻击做出反应，而对其他类型的攻击则不予理会，因为要集中力量重点反击，所以需要了解敏感部位，避免不必要的冲突。

e. 随机型反击者。此类竞争者反应不确定，并不表露可预知的反应模式，他在任何特定情况下，可能会也可能不会做出反击，如果反击，可能会采取任何可能的反击方式。众多小公司大部分情况都是随机型反击者。

f. 凶暴型反击者。此类竞争者对向其拥有的领域发起的任何进攻都会做出迅速而强烈的反应，以警告竞争对手最好不要惹他。

③ 竞争情报系统。全面收集竞争对手的信息不是随机偶然得到的，创业企业更应当建立自己的竞争情报系统，并建立跨部门小组来设计处理这一系统以实现成本有效化。

5. 顾客分析

顾客是指使用进入消费领域的最终产品或劳务的消费者和生产者，也是企业营销活动的最终目标市场。

顾客对企业营销的影响程度远远超过前述的环境因素。顾客是市场的主体，任何企业的产品和服务只有得到了顾客的认可，才能赢得这个市场，现代营销强调把满足顾客需要作为企业营销管理的核心。

（1）顾客分析的市场类型。

① 消费者市场。这是指为满足个人或家庭消费需求而购买产品或服务的个人和家庭。

② 生产者市场。这是指为生产其他产品或服务，以赚取利润而购买产品或服务的组织。

③ 中间商市场。这是指购买产品或服务以转售，从中盈利的组织。

④ 政府市场。这是指购买产品或服务，以提供公共产品或服务或把这些产品及服务转让给其他需要的人或政府机构。

⑤ 国际市场。这是指国外购买产品或服务的个人及组织，包括外国消费者、

生产商、中间商及政府。

（2）顾客分析的要求。

上述五类市场的顾客需求各不相同，要求企业以不同的方式提供产品或服务，它们的需求、欲望和偏好直接影响企业营销目标的实现。为此，企业要注重对顾客进行研究，分析顾客的需求规模、需求结构、需求心理以及购买特点，这是企业营销活动的起点和前提。

6. 社会公众分析

社会公众是指企业营销活动中与企业营销活动发生关系的各种群体的总称。公众对企业的态度会对其营销活动产生巨大的影响，它既可能有助于企业树立良好的形象，也可能妨碍企业的形象。所以，企业必须处理好与主要公众的关系，争取公众的支持和偏爱，为自己营造和谐、宽松的社会环境。社会公众分析的对象如下。

（1）金融公众。

金融公众主要包括银行、投资公司、证券公司、股东等，它们对企业的融资能力有重要的影响。

（2）媒介公众。

媒介公众主要包括报纸、杂志、电台、电视台等传播媒介，它们掌握传媒工具，有着广泛的社会联系，能直接影响社会舆论对企业的认识和评价。

（3）政府公众。

政府公众主要指与企业营销活动有关的各级政府机构部门，它们所制定的方针、政策，对企业营销活动或是限制，或是机遇。

（4）社团公众。

社团公众主要是指与企业营销活动有关的非政府机构，如消费者组织、环境保护组织以及其他群众团体。企业营销活动涉及社会各方面的利益，来自这些社团公众的意见、建议，往往对企业营销决策有着十分重要的影响作用。

（5）社区公众。

社区公众主要是指企业所在地附近的居民和社区团体。社区是企业的邻里，企业保持与社区的良好关系，为社区的发展作出过一定的贡献，就会受到社区居民的好评，他们的口碑能帮助企业在社会上树立形象。

（6）内部公众。

内部公众是指企业内部的管理人员及一般员工，企业的营销活动离不开内部公众的支持。应该处理好与广大员工的关系，调动他们开展市场营销活动的积极性和创造性。

二、我国当前创业环境的特点

在当前全球化的大背景下，我国的创业环境吸引着众多投资者。总结起来，我国当前创业环境主要有六大特点。

（一）群体创业潮兴起，我国进入平民创业时代

当前我国的创业环境很好，海内外各类投资者在我国建设中的创业活动都应该受到鼓励；一切合法的劳动收入和合法的非劳动收入，都应该得到保护；要形成与社会主义初级阶段基本经济制度相适应的思想观念和创业机制，营造鼓励人们干事业、支持人们干成事业的社会氛围，放手让一切劳动、知识、技术、管理和资本的活力竞相迸发，让一切创造社会财富的源泉充分涌现，以造福人民。良好的创业环境激发了人们的创业冲动和创业热情。因此，当前我国成为世界上创业活动最活跃的地区之一。

当前，我国群体性创业活动最明显的特征就是平民化趋势。特别是电子商务进入 2.0 时代，更加推动了这种平民化趋势的快速发展。这种平民化趋势表现出以下几个特点。

1. 创业的门槛低，适宜平民进入

中国的经济环境已经发生了变化，入世后市场竞争日益国际化，政府的管理趋向透明，法律更加健全，竞争环境更宽松、公平，这些都使创业的门槛降低，非常适合平民创业者的进入。

2. 创业主体来自社会基层,具平民色彩

这种平民化的创业主体格局适宜于我国社会主义初级阶段的经济特征和多数创业者起步阶段的经济状况,具有门槛低、起步点低、适宜大量平民进入成为创业主体的现实可能性,因此才能形成群体性创业潮。

3. 创业营销活动具有平民化定位

这些具有平民色彩的创业企业,大都能在自己创业的过程中坚持平民化的视角和营销思路,实行平民化的价格定位和发展模式,体现出平民创业的发展特点和聚财方式。

4. 平民化创业企业显示了平民聚财的旺盛生机

这些具有平民视角的企业由于市场定位科学,获得了最大的客户资源和市场空间,因此发展迅速,显示了平民化定位的渠道优势和竞争优势,展现了旺盛的生命力。

(二) 创业教育蓬勃开展

创业能力是一种生存能力,创业教育是一种培养和提高生存能力的教育。

1989 年 11 月,在北京召开的"面向 21 世纪教育国际研讨会"上,会议代表"要求把事业心和开拓技能教育提高到目前学术性和职业性教育所享有的同等地位"。世界经济合作和发展组织的专家柯林·博尔更将创业教育总结为未来的人应掌握的"第三本教育护照"。

创业教育思想提出后,得到了联合国教科文组织、世界劳工组织、世界银行和国际教育署的大力支持和积极倡导。联合国教科文组织指出:"创业教育,从广义上来说是指培养具有开创性的个人。"在该组织《教育——财富蕴藏其中》的报告中进一步指出:在基础教育阶段,实施就业创业教育的主要着眼点,是培养全体受教育者的就业意识、创业精神和社会责任感,努力提供使受教育者终身受益的教育培训。自此,世界创业教育获得了快速的发展,很多国家在不同程度上进行了就业创业教育的探索。

我国作为联合国教科文组织"创业教育"课题的成员国,早在 1991 年就开展了基础教育阶段创业教育的研究，当时已在 6 个省、20 个县乡的 30 多所学校进行了创业教育的实验，但是未能推广和坚持下去，没有成为全国教育改革的主流。

我国大陆的创业教育最早是从高新技术产业开发区开始的，当时个别院校教师已经在教学过程中穿插了一些创业的内容，比较成体系的创业管理教育起始于 20 世纪 90 年代末。到了 2002 年，在新的创业大潮的影响下，大学的创业教育获得了快速发展。2003 年 3 月，教育部高教司在北京航空航天大学召开了创业教育试点学校工作会议，总结了清华大学、北京航空航天大学、中国人民大学、上海交通大学、南京经济学院、武汉大学、西安交通大学、西北工业大学、黑龙江大学九所大学创业教育试点的经验，进一步推动了创业教育工作的深入开展。自此，创业教育在全国教育系统红红火火地开展起来。2010 年 4—5 月，教育部先后成立"2010—2015 年高等学校创业教育指导委员会"，召开推进高等学校创新创业教育和大学生自主创业工作视频会议，这标志着我国高等学校创新创业教育进入新的发展阶段。

（三）创业培训的多种形式和巨大作用

创业培训是衡量一个国家创业成熟度高低的重要标志，良好的创业培训体系更是一个国家和地区创业能力强的原因之一。对中小企业实施创业辅导是世界各国、各地区政府普遍采用的一种通行做法。据不完全统计，有 70% 左右的美国企业在创立之初曾得到过美国小企业局（SBA）的资助和辅导。在我国台湾地区，绝大部分中小企业特别是资讯科技企业都得益于创业综合辅导计划。在我国香港地区，不仅设有创业辅导的公共服务平台，而且在政府相关部门都设有中小企业服务机构，约有七成以上的中小企业接受过政府的创业辅导和援助。

我国依据《中华人民共和国中小企业促进法》赋予各级政府部门的职责，已经将建立中小企业创业培训体系作为完善城市功能、实现国家长治久安的重要举措，并确定了深圳等一批试点城市，还拨出专款设立"民营与中小企业发展专项资金"，重点支持建立各类中小企业。创业者利用好这样的平台能演绎出无数企业快速崛起的神话。

创业培训是一种对具有创业意向和创业条件的人员，进行提升创业能力的培训。当前，在全民的创业热潮中，我国的创业培训正在兴起。主要分为三种层次。

1. 对具有创业条件的或是准备创业的人员组织开展以"创业基础知识"为主要内容的理论知识和实际操作技能的培训

对非正规就业劳动组织负责人、新办劳动就业服务企业负责人和小型私营企业主等主要是开展提升业务能力和对开办的企业进行诊断和跟踪指导的服务；对已下岗再就业的人员进行创业培训，主要是使下岗人员增长技能、坚定信心，走自主创业之路。有的地方政府还和发放小额贷款的银行结合起来，对经过创业培训的人员给予小额创业贷款扶植，使他们尽快找到生活的出路、致富的门路。

2. 引入国际化培训课件

在群体性的创业大潮中，劳动和社会保障部与国际劳工组织宣布，以"马兰花"为"SIYB 中国项目"的注册标识，塑造"创办和改善你的企业"（SIYB）创业培训项目在我国的整体形象。目前，SIYB 项目已经在北京等 14 个试点城市展开，有近 8 000 人参加培训，培训结束后有 4 000 多名学员成功创办企业。

从调查来看，当前我国创业培训的对象正在发生重大的结构变化，这两年培训对象中 35 岁以下的青年人的参培比例已经超过 50%，该比例还在上升，创业培训正在逐步转变成为一种综合技能和素质的全面提升培训，它向所有梦想成就一番事业的人打开了大门。未来几年，年轻人将成为创业的主体，成为未来创业大军中的主力军。

3. 对创业能力提升进行了心理评测的探索

良好的心态是创业成功的保障，是创业者创业能力的一种内在表现。对创业能力进行心理评测是用心理学的方法对创业者的心理承受能力、心理适应能力进行研究和评测的一种方法。

在群体性创业培训中，我国许多培训机构请心理医生帮助创业者寻找"心理成功的支撑点"，帮创业者研究"如何限量""是什么妨碍你进行有效的决策"等问题，以便进行精神疏导和心理降压。为提升创业者的创业能力构筑心理防线，纠正"归因偏差"，以便全面地提升创业者的创业能力，对创业者的健康成长发挥了重要的作用。

（四） 创业孵化器的迅速扩展

创业孵化器也叫企业孵化器（business-incubator 或 innovation-center），是一种新型的创业经济组织。它起源于 20 世纪 50 年代，是由美国的乔·曼库索于 1959 年首次提出的。通过提供低成本的研发、生产、经营的用地，通信、网络办公等共享设施，系统的培训和咨询，政策、融资、法律和市场推广等方面的支持系统，使创业企业的创业成本得以降低，创业风险得以规避，创业成功率得以提高的一种适于中小企业生存和成长的发展环境和发展空间。

企业孵化器在推动高新技术产业的发展、孵化和培育中小科技型企业，以及振兴区域经济、培养新的经济增长点等方面发挥了巨大作用，因此在全世界发展很快，目前全世界已有企业孵化器 3 700 多家。

我国当前已经进入创业孵化器大国行列。创业企业孵化器已经成为培养成功的创业企业和企业家的摇篮以及风险投资的理想投资场所。我国的成都、武汉、上海在创业孵化器中进行风险投资的探索均取得了成功的经验，其较为典型的案例是迪康制药公司接受投资 20 万元，开发系列新药，总收益额达 1 780 万元，收益率为 8 900%。风险资本的进入已经成了加速创业企业孵化成长的重要培育手段。目前，我国的创业孵化器已经发展为科技型创业孵化器、下岗职工创业孵化器、大学生创业孵化器、回国人员创业孵化器等多种形式。

（五） 创业扶植力度的不断加大

为加速群体性创业活动的开展，各地陆续出台了许多鼓励创业、扶植创业企业快速崛起的政策。为了缓解大学生就业的压力，国家工商总局出台了对普通高等学校毕业生从事个体经营有关收费的优惠政策：凡高校毕业生（含大学专科、大学本科、研究生）从事个体经营的，除国家限制的行业外，自工商行政管理机关批准其经营之日起，1年内免交个体工商户登记注册费、个体工商户管理费、集贸市场管理费、经济合同示范文本工本费。这些对大学毕业生自主创业的政策鼓励，无疑将在他们心中吹起一股清风。

与此同时，几乎每个省或直辖市都出台了力度不一的优惠措施，鼓励大学生创业和下岗职工创业，鼓励海外学子回国创业。最大的优惠政策是税收。据广州市高新区负责人刘悦伦博士介绍，创业园基本上将增值税（地方留成占25%）、公司所得税（地方留成占40%）的地方留成部分在3至5年返回给留学生企业。

不仅如此，各地的政策正在进一步细化和配套化，这些政策对创业者创业活动的开展起到了一定的促进作用。

（六）创业者协会的普遍建立

当前，清华大学、海南大学、吉林化工学院、南京航空航天大学、汕头大学、同济大学、江西理工大学、武汉大学、厦门大学、北京电力学院、西北民族大学、山东大学、山西农业大学、西安交通大学、集美大学、北京科技大学、北京林业大学、华中科技大学、华南热带农业大学、北京工业大学、东北财经大学、中南财经政法大学、湘潭大学、山东财经学院、武汉科技大学、中科院研究生院等100多所院校已经建立了创业者协会。

不仅如此，这种创业者协会还进行了横向扩展和纵向延伸，已经发展了青年创业者学会、中关村创业者学会、外出务工创业者学会等众多形式的创业者协会组织。2003年2月，在美国马里兰州还注册成立了"美国华人创业者协会"，该协会总部设立在美国首都华盛顿，在美国许多城市设有分部。协会的宗旨是加强有志创业和大陆留美学人、创业有成人士之间的交流，该协会将定期举办讲座，邀请成功人士就如何创业等问题进行交流。同时，协会将与国内各省市合作，定期举办高新技术项目的洽谈会。

这种遍及国内外的、形式多样的创业者协会对创业者的创业活动给予多种帮助和指导，对其成长起到了重要的作用。

三、国内大学生创业现状

我国大学生创业兴起于 1998 年，标志是清华大学举办的首届创业大赛。以这次大赛为契机，全国各高校陆续组织了自己的创业大赛，组建了创业协会等学生创业机构。同时，通过挑战杯竞赛也催生了相当数量的新公司，大学生创业的作用和价值逐渐被社会各界认可。目前，国家和各级政府纷纷出台相关的政策、法规，期望进一步引导和鼓励大学生创业。

目前，我国的大学生创业有如下一些特点。

（一）创业心态日趋成熟

在各方支持下，目前国内大学生创业之路愈来愈宽广，创业方式日益多元化。在上海的一次大学生创业调查中发现，绝大多数大学生创业者都认为创业心理素质至关重要，应在创业前就做好承担风险、挑战自我的心理准备。这也表明了大学生创业者的理智与谨慎，他们在选择创业目标、确定创业模式上更加务实。并且，在创业前努力通过培训、实习、参赛等方式积累创业实践经验，避免盲目创业。

（二）想创业的多，真创业的少

中央电视台曾对大学生创业状况进行过一次调查，询问了"你想不想自己创业"这个问题，结果显示有将近 80% 的大学生都怀有创业的梦想，但实际上投身创业的大学生比例每年都只在 2%—4%。可见，大学生创业是多数人心动，少数人行动。这种状况的存在一方面是因为大学生对于创业日趋理性；另一方面是因为大学生创业能力尚有欠缺。另外，大学生普遍缺乏对创业信息的关注。

（三） 创业集中于技术含量低的行业

在国内创业的大学生中间，有很大一部分是从事家教、零售、服务业等技术含量较低的行业，即使一些涉足网络的创业者也都集中于无需产品设计、开发、生产和维护的网站。近年来，大学生网上创业的成功案例呈上升趋势，尤其是电子商务领域。相对来说，这种技术含量低的创业方式启动资金少、创业成本低、交易快捷，是很多大学生创业选择的途径。

（四） 创业社会文化基础薄弱

中国经济景气监测中心曾对北京、上海、广州等三座中国经济较发达城市的 900 余位市民做过调查，67.5%的被访者表示对大学生创业能力的担心，还有 28.9%的人担心创业影响大学生的学习。目前在我国社会中，人们对于大学生创业普遍抱有疑惑和反对的态度，还未形成统一、一致的支持意见。加上大学生创业的成功率也比较低，大学生创业更易引发社会、家庭以及个人的质疑。

四、大学生创业的优劣势分析

（一） 大学生创业的优势

大学生创业，有着自己独特的优势，具体说来，有以下几点。

1. 大学生精力旺盛，自信心十足

大学生思维普遍活跃，不管敢不敢干，至少是敢想。自信心较足，对认准的事情有激情去做，他们有着年轻的血液、蓬勃的朝气，以及"初生牛犊不怕虎"的精神，而这些都是一个创业者应该具备的素质。没有成家的大学生暂无家庭负担，其创业很可能获得家庭或家族的支持。

2. 大学生具有较高程度的文化水平

大学生在学校里学到了很多理论性的知识，他们有着较高层次的技术优势，具有本科或研究生程度的文化水平，对事物有领悟力，有些东西一点即通，而目前最有前途的事业就是开办高科技企业。技术的重要性是不言而喻的。大学生创业从一开始就必定会走向高科技的领域，"用智力换资本"是大学生创业的特色和必然之路。一些风险投资家往往就因为看中了大学生所掌握的先进技术，而愿意对其创业计划进行资助。

3. 大学生自主学习知识的能力强，接受新事物快

大学生还有一大优势，那就是自主学习知识的能力强，接受新鲜事物快，甚至是潮流的引领者。他们有对传统观念和传统行业挑战的信心和欲望，而这种创新精神也往往造就了大学生创业的动力源泉，成为成功创业的精神基础。

（二）大学生创业的劣势

尽管大学生创业有很多优势，但也有一些劣势。

1. 大学生社会经验不足

大学生刚步入社会，难免经验不足，尤其缺乏人际关系和商业网络，常常盲目乐观，没有充足的心理准备。缺乏真正有商业前景的创业项目，许多创业点子经不起市场的考验。还缺乏商业信用，在校大学生信用档案与社会没有接轨，导致融资借贷困难重重；对于创业中的挫折和失败，许多创业者感到十分痛苦茫然，甚至沮丧消沉。大家以前创业，看到的都是成功的例子，心态自然都是理想主义的。但事实上，成功的背后曾有过更多的失败。看到成功，也看到失败，这才是真正的市场，也只有这样，才能使年轻的创业者们变得更加理智。

2. 缺乏市场意识及商业管理经验

这也是影响大学生能否成功创业的重要因素。喜欢纸上谈兵，创业设想大而无当，市场预测普遍过于乐观，眼高手低，好高骛远，看不起蝇头小利，往往大谈"第一桶金"，不谈赚"第一分钱"；大学生虽然掌握了一定的书本知识，但终究缺乏必要的实践能力和经营管理经验。更由于大学生对市场、营销等缺乏足够的认识，很难一下子胜任企业经理人的角色。

3. 大学生的市场观念较为淡薄

不少大学生很乐于向投资人大谈自己的技术如何领先与独特，却很少涉及这些技术或产品究竟会有多大的市场空间。就算谈到市场的话题，他们也多半只会计划花钱做做广告而已，而对于诸如目标市场定位与营销手段组合这些重要方面，则全然没有概念。其实，真正能引起投资人兴趣的并不一定是那些先进得不得了的东西；相反，对那些技术含量一般，但却能切中市场需求的产品或服务，常常会得到投资人的青睐。同时，创业者应该有非常明确的市场营销计划，能强有力地证明盈利的可能性。整个社会文化和商业交往中往往不信任青年人，俗语说的"嘴上没毛，办事不牢"，很不利于年轻人的创业。

总之，大学生在准备创业时要充分地认识到自己的优势和劣势，一方面，充分利用自己理论知识丰富、创新意识强的优势；另一方面，更要保持清醒，弥补自己社会经验不足的劣势。只有取长补短，不断改进不足，才能取得最后的成功。

2

▶▶▶ 大学生创业与人生发展

第一节 大学生创业者

张爱玲说：成名要趁早。创业亦然。最近也流行一种说法，即 29 岁以前，属于青春"保质期"，29 岁以后，就 timeout（过期）了，就是我们所谓的 29 岁现象。因此，如要在青春岁月里有所突破，创出一番事业来，就宜赶在青春"过期"之前。你是否想在 29 岁前成为成功的创业者呢？

一、创业者的内涵

什么是创业者？什么样的人属于创业者？从词源来看，创业者的对应英文单词是"entrepreneur"，它有两个基本含义：一是指企业家，即在现有企业中负责经营和决策的领导人；二是指创始人，通常理解为即将创办新企业或者是刚刚创办新企业的领导人。

"创业者"一词由法国经济学家坎蒂隆（Cantillon）于 1755 年首次引入经济学。1880 年，法国经济学家萨伊（Say）首次给出了创业者的定义，他将创业者描述为"将经济资源从生产率较低的区域转移到生产率较高区域的人"，并认为创业者是"经济活动过程中的代理人"。著名经济学家熊彼特（Schumpeter，1934）则认为，创业者应为创新者。这样，创业者概念中又加了一条，即具有发现和引入新的更好的能赚钱的产品、服务和过程的能力。创业者，意为"在没有拥有多少资源的情况下，锐意创新，发掘并实现潜在机会的价值的个体"，并且是"组织、管理一个生意或企业并承担其风险的人"。

香港创业学院院长张世平对"创业者"的最新定义：创业者是一种主导劳动方式的领导人，是一种需要具有使命、荣誉、责任能力的人，是一种组织、运用服务、技术、器物作业的人，是一种具有思考、推理、判断能力的人，是一种能使人追随并在追随的过程中获得利益的人，是一种具有完全权利能力和行为能力的人。

在当前，国内外学者将"创业者"的定义分为狭义和广义两种。狭义的创业者是指参与创业活动的核心人员，该定义避免采用领导者或组织者的概念。因为在当今的创业活动中，技术的含量越来越高，离开了核心的技术专家，很多创业都无法进行，核心的技术专家理应成为创业者。事实上，很多创业活动最早都是由拥有某项特定成果的技术专家发起的。广义的创业者是指参与创业活动的全部人员。在创业过程中，狭义的创业者将比广义的创业者承担更多的风险，也会获得更多的收益。

二、创业者的主要类型

（一）传统创业者与技术创业者

创业者一般可以分为传统创业者和技术创业者。

传统创业者是指那些对传统的行业，如餐饮、房地产、服装等筹集资金投资、建立工厂、生产产品，为顾客提供产品或服务的创业者。

而技术创业者以突出技术为主，创办的企业一般比较小，产品的技术含量高，附加值比较高，利润空间比较大。技术创业者又可以进一步划分为研究型、生产型、应用型和机会主义者四种类型。

研究型技术创业者，具有很强的科研知识背景，常常是从事基础科研开发，掌握了某种技术，有强烈的欲望把科研成果转换成生产力，一般在高等教育机构或非商业化的实验室担任学术职位。例如，高校里的部分搞科研的教授以自己的科研成果为核心，筹集资金，创办实体，属于典型的研究型创业者。

生产型技术创业者，具有企业的生产技术或产品开发背景，常常直接从事商业化技术或者产品开发，掌握了某种先进的技术。

应用型技术创业者，具有企业的外围技术背景，掌握了一定的应用技术，一般从事技术销售或支持工作，有一定的销售渠道资源。

机会主义创业者，缺乏企业的技术专业背景，没有技术经验，或者只有非技术组织的职业经验，但是善于识别技术机会，有创业的点子，又有一定的资金支持的创业个体。例如，MBA 学生具有管理知识，大多数有管理实践经验，他们捕捉到了某个机会，自主创业，属于机会主义创业者。

（二）生存型、变现型、主动型和赚钱型创业者

世界经理人网站研究了国内上千例创业者案例，发现国内的创业者基本可以分成以下四种类型。

1. 生存型创业者

生存型创业者大多为下岗工人、失去土地或因为种种原因不愿困守乡村的农民，以及刚刚毕业找不到工作的大学生，这是中国数量最大的一拨创业人群。清华大学的调查报告显示，这一类型的创业者，占中国创业者总数的 90%。其中许多人是被逼上梁山，为了谋生混口饭吃。一般创业范围均局限于商业贸易，少量从事实业，也基本是小打小闹的加工业。当然也有因为机遇成长为大中型企业的，但数量极少，因为现在国内市场已经不像 20 多年前，像刘永好兄弟、鲁冠球、南存辉他们那个创业时代，经济短缺，机制混乱，机遇遍地。如今这个时代，多的是每天一睁眼就满世界找钱的主儿，少的是赚钱的机会。用句俗话来说，就是狼多肉少，仅仅想依靠机遇成就大业，早已经是不切实际的幻想了。

2. 变现型创业者

变现型创业者是过去在党、政、军、行政、事业单位掌握一定权力，或者在国企、民营企业当经理人期间聚拢了大量资源的人，在机会适当的时候，跷足下海，开公司办企业，实际是将过去的权力和市场关系变现，将无形资源变现为有形的货币。在 20 世纪 80 年代末至 90 年代中期，第一类变现型创业者最多，现在则以第二类变现型创业者居多。但第一类变现型创业者当前又有抬头

的趋势，而且相当部分受到地方政府的鼓励，如一些地方政府出台鼓励公务员带薪下海、允许政府官员创业失败之后重新回到原工作岗位的政策，都在为第一类变现型创业者推波助澜。这是一种公然破坏市场经济环境，人为制造市场不公平竞争的行为。

3. 主动型创业者

主动型创业者又可以分为两种：一种是盲动型创业者；另一种是冷静型创业者。前一种创业者大多极为自信，做事冲动。有人说，这种类型的创业者，大多同时是博彩爱好者，喜欢买彩票、喜欢赌，而不太喜欢检讨成功概率。这样的创业者很容易失败，但一旦成功，往往就是一番大事业。冷静型创业者是创业者中的精华，其特点是谋定而后动，不打无准备之仗，或是掌握资源，或是拥有技术，一旦行动，成功概率通常很高。

4. 赚钱型创业者

调查中，还发现有一种奇怪类型的创业者。除了赚钱，他们没有什么明确的目标。就是喜欢创业，喜欢做老板的感觉。他们不计较自己能做什么，会做什么。可能今天在做着这样一件事，明天又在做着那样一件事，他们做的事情之间可以完全不相干。其中有一些人，甚至连对赚钱都没有明显的兴趣，也从来不考虑自己创业的成败得失。奇怪的是，这一类创业者中赚钱的并不少，创业失败的概率也并不比那些兢兢业业、勤勤恳恳的创业者高。而且，这一类创业者大多过得很快乐。

这种现象，除了用"积极、放松的心态"对外界变化更敏感，更容易发现商机来解释外，另外能解释的，也只好扯一句俗话，那就是"林子大了，什么鸟都有"。就像萝卜、白菜一样，虽然营养成分、味道各不相同，但它们都是蔬菜，都可以供人们充饥填饱，滋养身体，这是它们的共性。

（三）TOPK 技术：四种类型的创业者

成功创业的人很多，创业失败的人更多。有人认为，成功创业与人的性格有关，但不论哪种性格的人都有成功创业的。不同的人有不同的性格，那么哪类性格的人适合创业呢？为了能更通俗易懂地描述各种类型的创业者，有人用了简单易懂的四种动物来对中国企业的创业团队和中国历代王朝的开国团队进行观察、收集、分析与归纳整理，也就是所谓的 TOPK 技术，即 tiger（老虎）、owl（猫头鹰）、peacock（孔雀）与 koala（考拉）。还是遵照"一个好汉三个帮"的智慧，如果自己是老虎，就需要猫头鹰、考拉与孔雀的帮助，以此类推。

TOPK 技术实际上是美国社交风格与亚洲的沟通风格在我国的本土化，同时我们也把 TOPK 看作"TopKnowledge"，即顶级智慧。运用顶级智慧的方法，就是 Topk 技术。

1. T（老虎）型创业者

T（老虎）型创业者的口号是"我们现在就去做，用我们的方式去做"。他们做事当机立断，大部分根据事实进行决策，敢于冒风险，在做决策前，会寻找几个替代方案，更多地关注现在，忽视未来与过去。对事情非常敏感，但对人不敏感，属于工作导向型，注重结果而忽视过程，工作节奏非常快，因此也很容易与下属起摩擦。

2. O（猫头鹰）型创业者

O（猫头鹰）型创业者非常崇尚事实、原则和逻辑，他们的口号是"我们的证据在这里，所以我们要去做"。他们做事情深思熟虑，有条不紊，意志坚定，很有纪律性，能很系统地分析现实，把过去作为预测未来事态的依据。追求周密与精确，没有证据极难说服他们。他们同样是对事情非常敏感，而对人不敏感，也属于工作导向型，但特别注重证据，决策速度比较缓慢，为人很严肃，难以通融。

3. P（孔雀）型创业者

P（孔雀）型创业者则热情奔放，精力旺盛，容易接近，有语言天赋，擅长演讲，经常天马行空，做事比较直观，喜欢竞争，对事情不敏感，而对人却很感兴趣。他们更关注未来，更多地把时间和精力放在如何去完成他们的梦想，而不关注现实中的一些细节。行动虽然迅速，但容易不冷静。喜欢描绘蓝图，而不愿意给员工实在的指导与训练。与员工谈工作时，思维属于跳跃式，员工经常难以跟上。且员工得到的多是激励，而不是具体指导。

4. K（考拉）型创业者

K（考拉）型创业者喜欢与别人一道工作，营造人与人相互尊重的气氛。他们决策非常慢，总是希望寻求与相关人员达成一致意见。他们总是试图避免风险，办事情不紧不慢，对事情不敏感，而对人的感情很敏感。他们是关系导向型，很会从小处打动人，为人随和而真诚。非常善于倾听，属于听而不决的，也很少对员工发怒，员工很喜欢找他们倾诉，但他们优柔寡断。

四种风格共存是白金定律。四种风格，相互共存、相互欣赏、相互启发，这件事情不仅仅是老虎型的思路可以解决，其他三种类型的思路也可以解决。这就容易造就一支成熟的创业团队，这支团队就必定造就非凡的成绩。

知 识 分 享

TOPK 技术运用法则

TOPK 技术看似非常简单，但在具体运用的时候，还需要特别注意以下几个问题。

（1）每种个性行为风格的人都可以创业，也都可以获得成功。如老虎型的宗庆后、猫头鹰型的鲁冠球、考拉型的徐传化与孔雀型的马云。

（2）每种个性行为风格的人都可以当一把手，并获得成功。如银行家约翰·皮尔庞特·摩根是指挥官风格的典型，属于老虎型风格；约翰·洛克菲勒体现了下棋者风格，属于猫头鹰型风格；沃尔玛的创始人萨姆·沃尔顿属于倡导者风格，属于考拉型风格；安德鲁·卡内基的生涯提供了传播者风格，属于孔雀型风格。

（3）创业者要知道自己的个性行为风格，并与搭档达成协议，自觉区别互动。同时，如果创业者熟悉 TOPK 技术，并有意识地调整自己的个性行为风格，那么这家企业不仅可以创业成功，而且还有了基业卓越乃至长青的基因。那些极具影响力的成功人士都是个性行为风格在不断调整的，无论是自觉还是不自觉。

（4）自觉运用比不自觉运用的成功率要高。如携程网的创业团队，他们一开始就寻找四人组合团队。梁建章：偏理性，眼光长远，喜欢用数据说话，为猫头鹰型风格；李琦：偏感性，有激情，锐意开拓，直爽，讲义气，为孔雀型风格；沈南鹏：风风火火，老练果断，为老虎型风格；范敏：方方面面的关系处理得体，为考拉型风格。

（5）不是四个行为风格的人全部到齐后才创业。现实中更常见的是边创业边物色，当不能尽快物色到合适伙伴的时候，就得让自己有意识地扮演两种或三种来弥补。一般情况下，如果自己是猫头鹰型，则需要找孔雀型作为创业好搭档，接着引进老虎型作为合作伙伴，最后引进考拉型，尤其是公司已经达到20人以上的规模。比如，作为孔雀型的刘邦，先是与考拉型的萧何创业，之后是老虎型的韩信加入，最后是猫头鹰型的张良加入。而在微软，猫头鹰型的比尔·盖茨与考拉型的保罗·艾伦在1975年创业，孔雀型的史蒂夫·鲍尔默在1980年才被引进，老虎型的杰夫·雷克斯则在1981年被引进，也就是在企业成立6年后才完成四人组合。

（6）不是一定要在创业初期就追求四人组合，只要比竞争对手的核心创业团队多一种行为风格就可以。这种多一种行为风格可以通过内部训练拥有，也可以外部寻找得到。回顾历史，周武王就是凭借两人组合战胜了商纣王一人，商汤王则是三人组合战胜夏桀与夏伯的二人组合，刘邦四人组合则战胜了项羽的二人组合。

（7）不是只要有了老虎、猫头鹰、考拉与孔雀型四个核心创业人物，创业就一定可以成功。创业成功有很多因素，但是用TOPK技术来有意识地寻找创业搭档，那创业的成功率就可以提高，而且有时在其他条件与竞争对手差不多的情况下，TOPK组合就成了创业成功的关键条件。

总的说来，TOPK技术可以帮助人们了解并利用自己的优点，客观地看待自己的缺点，重视搭档喜欢的东西，消除让大家难以合作的"盲点"。创业搭档相互讨论各自的行为风格，尽量读懂彼此，预知对方行为，之后达成协议，区别互动，这就是创业成功的起点与内在动力源泉。

（资料来源：如何更好分配创业团队中的角色，360个人图书馆。）

三、大学生创业者的内涵与特点

（一）大学生创业者的内涵

1. 大学生创业者既是创新者，又是继承者

大学生创业者不论是创建新企业，还是在原有企业中采用新战略、开发新产品、开辟新市场、引进新技术或运用新资源，都是不同程度的创新活动，因而创业者首先是创新者，要具有创新的思维和能力。同时，任何创新活动都不能脱离实际。首先，要根据企业的原有条件、现实状况及未来发展方向去进行；其次，创业活动也是创业者本人的知识、经验和文化观念的反映，因此创业具有传承性，创业者也是继承者。

2. 大学生创业者既是实践者，又是宣传者

创业是创建或运营经济实体，故而具有实践性。一方面，其生产的产品可以是有形的物质产品，也可以是无形的精神产品，但都应具有满足社会和人的某种需要的特性，否则，创业就是无价值和无意义的，也就不能称之为"创业"。另一方面，创业既然是从事生产实践活动，创业者的行为就是一个模范、榜样。而创业过程是生产实践活动和宣传活动的统一体，创业者也就成为实践者和宣传者的统一体。

3. 大学生创业者既是管理者，又是参与者

创业者通常在企业中居于管理者的位置，从事企业的日常经营与战略决策。但同时，创业者又是普通的创业团队成员，具有普通劳动者的需要和特征。如希望通过诚实劳动获得收入，提高生活质量，博得相应的社会地位和社会承认与尊重，在劳动过程中实现自我价值等。

（二）大学生创业者的特点

1. 结合大学所学专业进行创业

在大学生创业者身上最鲜明的特点就是有浓厚的专业背景，他们大多都把

自己在大学期间接受的专业教育直接应用于自己的创业实践当中。俗话说"隔行如隔山"，大学生创业如能结合自己大学时所学的专业进行，更有利于进行创业实践。

2. 结合社会实践经历进行创业

对于任何一名大学生，如果在毕业时一点实践经历都没有，无论政府部门如何支持，高校的创业教育开展得如何有效，他们在毕业的时候也很难有创业的计划、勇气和信心。对于高校而言，如何引导学生大学期间结合自己的专业积极进行社会实践和锻炼十分重要，这有利于他们毕业后进行自主创业和就业。

拓展阅读

教室里走不出创业人才

创业人才是怎样成长的？创业人才来自哪里？

绝大多数创业人才的成长得益于自身的创业实践，他们的创业实践又是来自对他人的模仿，这就是创业者的成长轨迹。现实中的许多创业者曾经是农民，是高考落榜者，没想到进不了大学反而成了他们成功的转折点。他们没有接受所谓的创业教育，更没有听过什么创业课程，甚至什么创业计划书也不知道，但他们成功了。创业成功者如果要感谢的话，一是要感谢邓小平同志提出的改革开放的国策，二是要感谢自己没有被大学教育束缚住思想。

创业能力不是教出来的，是练出来的。可以说，没有创业行动，就不可能有创业能力的获得，更不可能有创业的成功。要让大学生创业成功，当务之急就是让他们付诸创业实践。遗憾的是，当下的高校一讲创业，马上组织教材编写、系列教材开发和开设创业理论课。但却造成了这样一个事实：创业教育轰轰烈烈，创业人才成长凤毛麟角；创业教材汗牛充栋，创业行动偃旗息鼓。有投入，没产出；有课时，没成效。如何解释？"创业意识""创业精神"之类既好听又无法验证的托词就成了最好的选项。什么"创业教育不是让学生急于付诸创业实践，而是重在创业意识和创业精神的培养"的说法也就甚嚣尘上，充斥学校领导的讲稿，创业教育的不实之风正席卷各高校。

成千上万的创业者就在我们的身边，他们的创业轨迹是如此简单，按照他们的成长规律实施大学的创业教育也可以很简单。简单问题为什么要复杂化？明白的事为什么要搅和得云里雾里？创业教育，就是要让学生像成功创业者那样先从事创业实践，这不仅是创业人才成长之关键，也是创业教育改革、教师成长和课程建设之本源。

（资料来源：创业者的类型、优点、弱点与盲点，豆丁网。）

3. 毕业后先就业再创业

创业能够带来的丰厚回报固然令人欣喜，但创业的风险也同样值得警醒，要创业必须对准备涉足的行业有足够的认识和充分的了解。对大学生中有意毕业时进行创业的人而言，毕业时先就业，等自己积累了足够的经验和能力之时，再进行创业，不失为一种明智的选择。

一个准备自主创业的大学生，如果能在前期的就业中成为自己就职公司中的"佼佼者"，也会为他在创业时管理好、带领好自己的公司积累经验。同样，高校鼓励大学生毕业时"先就业、再择业"，也具有一定的道理，值得每一位大学生认真思考。

第二节　创业素质与能力

据不完全统计，创业企业的成功率在 30% 以下，而大学生创业成功率只有 2%—3%，远远低于一般企业的创业成功率。大学生要想成功实现自主创业，必须具备一定素养，同时在学习生活中也要加强自身综合能力的培养，提高实现自身成功创业的能力。

在大学生当中，想创业的多，真创业的少。观察真正创业的大学生，从他们身上不难看出以下几种特征。

1. 目的明确，积极主动

大学生中的创业者，不会安于去参加一个接一个的招聘会，他们专注于开创全新的事业。在平时的学习和生活中，他们充满激情和梦想，喜欢挑战自我，做事目标明确、效率高。对于他们来说，一旦有了目标，不管过程有多艰辛，都会积极主动地去实现目标。

2. 乐观向上，充满信心

创业是一种冒险，创业的人不仅要自信、乐观，而且要能感染到身边的人。这样才能组织好创业中的伙伴，得到他们的信任和支持，这对于事业的成功十分重要。创业的结果有两种，除了成功，还有失败。面对失败，需要创业者有乐观的心态，积极地进行自我情绪的调节，自我鼓励，从头再来。

3. 心胸开阔，勤学好问

有多大的心胸，才能做多大的事。心胸开阔是成功创业者的重要品质。在任何时候，创业者都不满足于自己已掌握的信息，他们总是在不停地寻找更多的信息。他们善于听取别人的建议，并从中汲取对自己有用的元素。

4. 志存高远，勇于开拓

成功的创业者都是机会的开拓者。他们抱负远大，使命感强，永不满足于现状，擅长在不断变化的环境中寻找新的商机，开拓新的事业。

一、创业者应具备的基本素质

创业者想要成功创业，不仅需要激情、勇气，还需要具备创业的基本素质，包括创业意识、创业心理品质、创业精神和创业能力。

（一）强烈的创业意识

要想取得创业的成功，创业者必须具备自我实现、追求成功的强烈的创业意识。强烈的创业意识，可以帮助创业者克服创业道路上的各种艰难险阻，将创业目标作为自己的人生奋斗目标。

1. 创业意识的内涵

创业意识是指一个人根据社会和个体发展的需要所引发的创业动机、创业意向或创业愿望。创业意识是创业思维和创业行为的必要准备。创业意识是创业的先导，它构成创业者的创业能力，由创业需要、动机、意向、志愿、抱负、信念等组成，是人们从事创业活动的强大内驱力。

2. 大学生具备创业意识的意义

大学生创业意识是指大学生根据社会和自身发展的需要所引发的创业动机、创业意向或创业愿望。对于每一个希望创业的大学生来说，都必须首先强化创业意识。增强创业意识，就要有明确的人生目标。创业作为一种社会实践活动，是在一定的意识和目的的支配之下进行的。不同的创业目标与价值理念，体现出不同的人生目的，也体现出不同的创业人生价值。只有将自我价值与社会价值统一起来的创业者，才能获得创大业的机遇和最终的成功。

案例解析

哈默与他的创业价值

1956 年，一位朋友告诉 58 岁的哈默，一家成立于 20 年代、在加利福尼亚从事石油勘探和开采的企业——西方石油公司快要倒闭了，它的股票价格已经掉到每股 18 美分。这家公司取得了两个区块的勘探许可，需要至少钻两口探井，但是公司没有钱。

对于赋闲的哈默来说，他无意收购这家公司，但却愿意借给西方石油公司 5 万美元，让他们再打两口井。如能出油，双方各得 50% 利润，如果不出油，哈默投入的这笔资金可作为亏损从应缴税款中扣除。出乎意料的是，这两口井都打出了石油，西方石油公司的股票市价马上上涨到每股 1 美元。哈默一看机会到了，立即买进它一部分股票，成为其最大股东，1957 年 7 月当选为西方石油公司的董事长和总经理。

另有一次，一位青年地质学家向哈默建议：租下旧金山以东一片被其他石油公司放弃的地区，那里可能蕴藏着丰富的天然气。当时很多人劝哈默不要去冒险，如果失败，后果不堪设想。但哈默接受了青年地质学家的建议，筹集了一大笔钱，投入到这一废弃了的地区。当钻到 262 米深时，终于钻出了天然气。此后，该地区成为加利福尼亚州的第二大天然气田，估计价值在 2 亿美元以上。哈默的胆识使他最终取得了成功，并成为了美国的石油大王。

（资料来源：MAX 文档网。）

（二）良好的心理素质

心理素质是指人们在心理活动方面的能力，即应付、承受及调节各种心理压力的能力。创业之路是充满艰险与曲折的，创业就等于是一个人去面对变化莫测的激烈竞争及随时出现的需要迅速正确解决的问题和矛盾，这需要创业者具有非常强的心理调控能力，能够持续保持一种积极、沉稳的心态。

当代大学生基本上都是1980年后或者1990年后出生的（俗称"80后""90后"），从小生活的物质条件比较优越，在家长的呵护下长大，社会经验少，生活阅历浅，抗挫折能力弱，而创业成功的很大因素取决于创业者的心理素质。如果不具备良好的心理素质、坚忍的意志，一遇挫折就一蹶不振、垂头丧气，那么在创业的道路上是走不远的。

大学生创业者要提高创业心理素质，正确了解自己，正确认识创业，形成积极、沉稳、坚韧不拔的创业心理素质。

案例解析

心态决定创业成败

林晓和郑红大学毕业后都做起了自己喜欢的服装生意。她们初入市场的时候，正赶上服装生意最不景气的季节，进来的服装卖不出去，可每天还要交房租和市场管理费。眼看着天天赔钱，林晓动摇了，她赔了3 000元把服装精品屋转了出去，并发誓从此不再做服装生意。而郑红却不这样想，她认真地分析了当时的情况，觉得赔钱是正常的，一是自己刚刚进入市场，没有经营经验，抓不住顾客的心理，当然应该交一点学费；二是当时正赶上服装淡季，每年的这个季节，服装生意人也都不赚钱，只不过是因为他们会经营，能够维持收支平衡罢了。而且，郑红对自己很有信心，知道自己适合做服装生意。果然，转过一个季节，郑红的服装店开始赚钱。三年以后，她已成为当地有名的服装生意人，并创立了自己的品牌，分店开了一家又一家。而林晓在三年内改了几次行，每天仍然在为生计发愁。

（资料来源：作者根据网络资料整理改写。）

（三）多维度的创业精神

大学生在立业和创业中，除了要为社会提供更多更好的劳动产品和劳动服务外，首先要树立为人民服务的思想，努力创造社会效益和经济效益。只有树立这样的人生观，大学生才能潜心学习专业知识和专业技术，积极参加实践锻炼，真正深入客观事物和社会无限深远的本质中去，洞察自然、社会和人自身的奥秘，才能为科学、技术、经济、社会作出贡献，才能创业、立业。

拓展阅读

什么是创业精神

美国安利公司董事会主席史提夫·温安洛先生曾讲过三个故事，阐述了他对创业精神的理解。

首先，创业需要能够洞察商机，可以发现产品和顾客。第一个故事发生在非洲象牙海岸的一个小村庄。一位先生有一部手机，他发现了一个地方手机接收信号最好，于是他将这部手机固定在那个位置，并宣布小岛上的第一个公共电话厅成立了。许多人来打电话，他赚了不少钱。然后，他用赚的钱购买了小村庄里第一台游戏机，生意就做起来了。"很多人都知道买和卖的概念，一个人、一部手机、一台游戏机和很多顾客，这位先生就是一名货真价实的创业者。"温安洛表示："创业最基本的两个元素就是产品和顾客。"

其次，创业需要团结和分享。第二个故事发生在格陵兰。在零下40摄氏度的气温里，总有一群群的狩猎者去捕猎海象，让人吃惊的是猎人之间的关系。他们会在一间小木屋里扎营，把海象肉分给伙伴和猎狗带回家中，但每一次他们都会留下一些肉，给下一次进驻的猎人食用。"懂得分享，在乎集体的成功，而绝不是独自拥有。"温安洛道出创业精神的精髓，"只有分享成果，彼此扶持，团结在一起，才可以发挥最大的力量。"

最后，创业要勇于冒险。第三个故事是温安洛的亲身经历。他12岁那年，父亲带着他们一家 6 口人到美国西部寻找机会。"当时坐的车是一部有 10 吨重、铁皮打造的小巴。"在前进的路上，一座摇摇欲坠的桥横跨在陡峭的峡谷上。"父亲是工程师，我们很信任他，但那座桥破旧得似乎能被一只停在上面的苍蝇压垮。父亲停下车，查看了一下地形，然后他将车倒退了 100 米，加足马力，全力以赴地飞跃了那座破桥，我当时坐在父亲旁边。今天我能站在这里，就是告诉大家我是达标的。"温安洛风趣而自信地说，"创业是要冒险的，当然前提是盘算清楚，一旦决定，就要加快速度，勇往直前。"

（资料来源：创业精神，360 个人图书馆。）

二、创业者应具备的基本能力

（一）决策能力

决策能力是创业者根据市场变化，因地制宜地确定创业方向、目标、战略和实施方案的能力。在信息时代进行创业，必须重视对商机的把握。合适的机遇能够赢得发展的机会，贻误时机则可能使企业蒙受巨大的损失。因此，洞察和决策能力十分重要。

决策是一个人综合能力的表现，一个创业者首先要成为一个决策者。创业者的决策能力通常包括分析、判断能力和创新能力。

创业者要创业，首先要从众多的创业目标及方向中进行分析比较，选择最能发挥自己特长与优势的创业方向与方法；在创业的过程中，创业者要能从错综复杂的现象中发现事物的本质，找出存在的真正问题，分析原因，从而正确处理问题。这就要求创业者具有良好的分析能力。

所谓判断能力，就是能从客观事物的发展变化中找出因果关系，并善于从中把握事物的发展方向。分析是判断的前提，判断是分析的目的，良好的决策能力是良好的分析能力加果断的判断能力。

创业实际就是一个充满创新的事业，所以创业者必须具备创新能力：要有创新思维，不要思维定势，不墨守成规，能根据客观情况的变化，及时提出新目标、新方案，不断开拓新局面，创出新路子。可以说，不断创新是创业者不断前进的关键因素。

（二）管理能力

创业者的管理能力直接影响到企业的发展和壮大。那么，创业者如何提高自己的经营管理能力？从哪些方面提高自己的经营管理能力呢？

1. 组织能力

作为一个创业者，不管企业是大是小、人员是多是少，都必须具备一定的组织指挥才能。创业者首先要根据企业生产发展的变化，确定企业的组织结构、设置相关的工作岗位、配备相对应的工作人员。其次要善于用人，做到择优录用、量才使用、合理搭配、合理分工、优势互补、形成合力；要优化资源配置，做到"好钢用在刀刃上"。最后要统筹兼顾，全面安排，组织有序，指挥得当。

2. 应变能力

面对纷繁复杂、瞬息万变的市场，以及随时可能出现的机遇和挑战，创业者必须时刻保持清醒的头脑，沉着冷静地分析新形势和新趋势，深入细致地思考应对策略。在遭遇不利形势时，要抓紧时间调整生产策略，想方设法寻找新的利润增长点，尽可能把损失减少到最小；在遇到有利形势时，不可自以为是、盲目自大，要把握机会，实现效益的最大化。

3. 交往能力

创业离不开与各色人等进行交往与沟通，如投资商、代理商、消费者、合作伙伴、政府部门、新闻媒体等，因此创业者需要具备良好的人际交往能力来妥善处理这些关系。利用一切有利条件，争取各界的支持和帮助，只有这样，才能化消极因素为积极因素，变不利方面为有利方面，创造一个和谐安定的创业环境，为取得成功奠定基础。

（三）协调能力

现代企业管理要求做到高效、团结和具有内在凝聚力。在创业中，有的创业者独断专行，有的听之任之，有的充当"和事佬"，有的专当"刺儿头"，导致企业的内外部关系十分紧张，无法形成合力，共同发展。俗话说"一个篱笆三个桩，一个好汉三个帮"，没有内部的协作和外部的协调，创业就难以成功。因此，对内要培养合作精神，处理好不同部门、不同人员之间的关系，认真听取不同意见，实行民主管理、科学决策，达到配合默契、步调一致；对外要加强联系和协调，处理好与其他企业和有关管理部门的关系。

三、大学生培养创新创业能力的途径

（一）转变观念，培养创新创业意识

创业意识是创业教育中的重要构成因素。所谓创业意识是指创业活动中对人起动力作用的个性倾向，具体包括创业需要、创业动机、创业兴趣、创业理想、创业信心和创业世界观六个要素。当前，我国大学生的创新创业意识普遍不高，多数大学生对自己的创新创业能力持不确定的评价，其主要原因是大学生普遍缺乏对创新创业的正确认识。

大学生培养创新创业意识可从以下几方面入手：首先，在创业的过程中，要有一定的风险意识，那种思想保守、畏难退缩的人是无法成功创业的。所以，大学生要加强进取精神的培养。其次，大学生要有意识地接受创业心理的教育，培养坚强的自信心、积极的做事态度、百折不挠的勇气、坚韧不拔的意志和强烈的社会责任感。最后，大学生要加强创新教育。创新不仅指新的发明、新的技术和方法，还包括新的思想和理念。这就要求大学生要积极主动地参加各项创业培训和锻炼，加强培养自身的创新意识、创新思维、创新能力和敢为人先的个性。

（二） 创新创业知识结构的构建

创业知识是创业能力发挥的工具，在创业活动中起着经常性、关键性的作用。创业知识主要包括三方面的内容：一是专业、职业知识，这是从事某一项专业或职业所必须具备的知识；二是经营管理知识，如企业战略管理、人力资源管理、生产管理、市场营销、财务管理等方面的知识；三是综合性知识，一般包括政策法规、公共关系、工商税务、金融保险等方面的知识。创业知识是创业意识和创业品质的基础，丰富大学生的创业知识是创业教育的主体。每位学生都有自身独特的知识背景、个性特征、智力方式和动机类型等，所以大学生可以采取灵活多变的形式，进行创业知识的学习。

（三） 创新创业能力的培养

创业能力是在创业实践活动中自我生存、自我发展的能力。创业能力主要体现在以下四个方面：一是创新能力，即应对市场和社会需求"无中生有"、推陈出新的本领；二是策划能力，即根据外部创业环境的变化，确定并适时调整企业发展战略和发展路径的本领；三是组织协调能力，即把创业活动中的各个要素、各个环节科学高效地整合起来的能力；四是领导能力，即在创业活动中运用组织和权力，按照企业发展的目标，通过引导教育员工统筹工作的本领。通过创业教育，大学生要掌握创业的基本技能、具备职业技术和经营管理能力、了解与创业有关的国家政策法规，同时具有一定的社会实践能力，尤其是市场调查和预测市场走向的能力。

（四） 强化创业实践，提升创业能力

创业教育是实践性很强的教育活动，创业实践活动是创业教育的特定课程模式，也是培养大学生创业意识、创业能力的具体途径。

大学生要主动参加校内外各种专业的创新创业竞赛活动，如"挑战杯"中国大学生课外科技作品竞赛、ERP 企业创业大赛等。另外，各高校还会根据自

身的实际情况，定期举办一些大学生职业生涯规划大赛、创业计划大赛、科技创作和发明活动等。参与这些活动，可以激发大学生的创新创业意识，锻炼和提高他们的实际操作能力，对于增强大学生的创新意识及锻炼和提高其观察力、思维力、想象力和动手操作能力都是十分有益的。

同时，大学生还要积极参加以校内外创新创业基地为载体组织的创新创业实践活动，包括专业实习及各种形式的科技实践。实践最能锻炼和培养一个人的才能，只有在实践中多看、多思、多问、多记，反复检验、反复调查、不断总结、吸取教训，才能获得真知。

知 识 分 享

英国的科林·巴罗，在《小型企业》一书中提出创业者的 6 个特点：

◇ 全身心投入，努力工作；

◇ 接受不确定性；

◇ 身体健康；

◇ 自我约束；

◇ 独创性和敢冒风险性；

◇ 计划与组织能力。

美国的唐·多曼，在《事业革命》一书中提出了创业者的 5 种人格特征：

◇ 愿意冒风险；

◇ 能分辨出好的商业点子；

◇ 决心和信心；

◇ 壮士断腕的勇气；

◇ 愿意为成功延长工作时间。

美国的第姆·伯恩，在《小企业创业蓝图》一书中提出了对创业者的 4 点要求：

◇ 信心；

◇ 专门知识；

◇ 积极主动的态度；

◇ 恒心。

著名管理专家威廉·拜格雷夫，将优秀的创业管理人素质归纳为 10 个以"D"字母为首的要素：

◇ 理想（dream）；

◇ 果断（decisiveness）；

◇ 实干（doers）；

◇ 决心（determination）；

◇ 奉献（dedication）；

◇ 热爱（devotion）；

◇ 周详（details）；

◇ 命运（destiny）；

◇ 金钱（dollar）；

◇ 分享（distribute）。

（资料来源：创业者应具备的素质和条件，博客网。）

第三节　创业学生生涯规划

古语云："凡事预则立，不预则废"（《礼记·中庸》）。作为即将毕业的大学生，面对严峻的就业问题与压力，如何想好策略，使自己处于有利的社会环境中是非常重要的。所以，大学生们必须对自己的未来进行合理有效的规划，以不变应万变。在这个信息大爆炸的时代，在机遇与挑战并存的未来社会里，究竟该扮演何种角色？既然已经做好了创业的打算，就要有具体的规划框架。

虽然职业生涯规划在我国还没有达到深入人心的程度，但是要想取得事业的成功，积极做好自己的职业生涯规划对一名创业者来说尤为重要。独自闯出一片事业天空，或者集结几个朋友的力量合力创造一番事业是很多人都曾有过的梦想，甚至拟订出一套计划，希望通过一番努力让美梦成真。在实际工作中，很少有创业者会主动为自己作出明确的职业生涯规划，其原因在于他们还没有深刻认识到职业生涯规划的重要性，或者尚未掌握制定职业生涯规划的方法。

一、大学生创业者职业生涯规划的主要内容

对于一个立志创业的人来说，职业生涯规划与其创业规划在一定程度上是同一样东西。要制订一份好的创业规划，从原则上说，应该把握三个主要内容：自己能够做什么、社会需要什么以及自己拥有什么资源。因此，就有必要进行自我分析、环境分析和关键成就因素分析。

（一）自我分析

自我分析，即分析自己能够做什么。作为一个创业者来说，只是知道自己

想干什么，这还是不够的，更重要的是应该知道自己能够做什么、能做到什么。当然，这也是相对而言的，因为一个人的潜能发挥是一个逐渐展现的过程。但是，一个人对自己的兴趣、潜能有一个基本的认识，仍然是一项具有前提性的工作。

（二）环境分析

环境分析，即分析社会的需求是什么。一个人在明确自己想做什么、能做什么的同时，还应考虑社会的需求是什么这一重要因素。如果一个人所选择的创业领域既符合自己的兴趣又与自己的能力相一致，却不符合社会的需求，那么，这种创业的前景无疑会变得暗淡。由于分析社会需求及其发展态势并非一件易事，因此，在选择创业目标时，应该进行多方面的探索，以求得出客观而正确的判断。

（三）关键成就因素分析

关键成就因素分析，即分析自己拥有什么资源。要创业，就必然依赖各种各样的资源。创业者应该清楚地审视自己所拥有或能够使用的一切资源的情况，是否足以支持创业的启动和创业成功之后可持续地保障。这里所说的资源，不仅指经济上的资金，还包括社会关系，即通过自己的既有人际关系，以及既有人际关系的进一步扩展所可能带来的各种具有支持性的东西。

总之，一份创业规划必须将个人理想与社会实际有机地结合，它能够帮助一个人真正了解自己，并且进一步评估内外环境的优势、限制，从而设计出既合理又可行的职业事业发展方向。只有使自身因素和社会条件达到最大程度的契合，才能在现实中发挥优势、避开劣势，使创业规划更具有可操作性。

一份创业规划能够在多大程度上取得实际成功，就取决于它在多大程度上对以上三个分析进行了准确的把握，并进行了最完美的结合。

创业者进行职业生涯规划的重要性

根据来自美国的一项统计资料显示：自主创业的中小企业中，有40%的创业者在创业的第一年就不得不面临关门大吉的命运；而存活下来的60%中约有八成无法欢度5周年庆典；更令人惋惜的是，能够熬过5年的中小企业主，其中只有20%能继续走完第二个5年。为什么开办企业是那么容易的事，而创业成功的人又是那么少呢？

创业者往往拥有远大的理想和火一样的创业激情，对自己的事业也有很多的想法，很重视创业计划书的制订，但是对自己的职业生涯规划得很少，对自己长期职业生涯发展的目标和自己应具备哪些能力才能适应自己创业的职业生涯发展考虑不多。因此，常常有很多创业者在创业发展的过程中，由于自己能力的限制，导致各种决策失误，管理跟不上企业的发展，其结果是企业失控。

没有做职业生涯规划的创业者是危险的。没有个人的职业生涯发展的目标，就会让创业者迷失在公司的烦琐事务中，没有时间注意考虑长远规划与培养创业成功所必备的素质，就会造成企业成长没有后劲。有很多创业者刚开始创业时还有不少生意可做，但是由于自己的能力不足，生意越来越少。也有的创业者制定了创业的目标，在创业的过程中，遇到挫折就改变或者放弃了创业的目标，这样会把自己有限的资源和时间都浪费掉了。

相反，如果创业者做了职业生涯的规划，他就会有明确的目标和实施目标的具体步骤，也会在创业过程中不断积累创业成功所需的知识和经验。创业需要有目标，只有树立了明确的目标，才可能向着目标的方向努力，才能有意识地收集有关材料、创造条件，使自己获得成功。这样的创业者在创业中有备而来，随着能力的增强，生意越做越大，一步一步走向创业成功。

职业生涯规划的意义在于寻找适合自身发展需要的职业，实现个体与职业的匹配，体现个体价值的最大化。一个职业生涯目标与生活目标相一致的人是幸福的。对于个体而言，职业生涯是有限的，如果不进行有效的规划，势必造成生命和时间的浪费。

创业者职业生涯的规划，可以充分挖掘创业者的潜力，最大限度地发挥创业者的优势，增强劳动效率，提高创业者创业的成功概率。创业者的职业生涯规划也有助于创业者建立发展目标。

（资料来源：创业者的职业生涯规划，豆丁网。）

二、大学生创业者职业生涯规划的步骤

（一）审视自我

审视自己、认识自己、了解自己，并做自我评估。自我评估包括自己的兴趣、特长、性格、学识、技能、智商、情商、思维方式、思维方法、道德水准，以及社会中的自我等内容。

（1）你是什么样的人？这是自我分析的过程。分析的内容包括个人的兴趣爱好、性格倾向、身体状况、教育背景、专长、过往经历和思维能力。这样能对自己有个全面的了解。

（2）你想要什么？这是目标展望过程。包括职业目标、收入目标、学习目标、名望期望和成就感。特别要注意的是学习目标，只有不断地确立学习目标，才能不被激烈的竞争淘汰，才能不断超越自我，登上更高的职业高峰。

（3）什么是你的职业支撑点？你具有哪些职业竞争能力？以及你都有哪些资源和社会关系？个人、家庭、学校、社会的种种关系，也许都能够影响你的职业选择。

（4）什么是最适合你的？行业和职位众多，哪个才是最适合你的呢？待遇、名望、成就感和工作压力及劳累程度都不一样，看个人的选择。选择最好的并不是合适的，选择合适的才是最好的。

（5）你能够选择什么？通过前面的过程，你就能够做出一个简单的职业生涯

规划了。机会偏爱有准备的人，你做好了自己的职业生涯规划，为未来的职业做了准备，当然比没有做准备的人得到的机会更多。

（二）确立目标

如果你不知道自己要到哪儿去，那通常你哪儿也去不了。没有切实可行的目标作为驱动力，人们是很容易对现状妥协的。制定自己的职业目标并没有想象中那么难，只要考虑一下你希望在多少年之内达到什么目标，然后一步一步往回算就可以了。目标的设定要以自己的最佳才能、最优性格、最大兴趣、最有利的环境等信息为依据。

职业生涯目标的确定包括人生目标、长期目标、中期目标与短期目标的确定，它们分别与人生规划、长期规划、中期规划和短期规划相对应。首先要根据个人的专业、性格、气质和价值观，以及社会的发展趋势确定自己的人生目标和长期目标，然后再把人生目标和长期目标细化，根据个人的经历和所处的组织环境制定相应的中期目标和短期目标。

1. 未来发展目标

今生今世，你想干什么？想成为什么样的人？想取得什么成就？想成为哪一专业的佼佼者？今后十年，你希望自己成为什么样子？有什么样的事业？将有多少收入？计划多少固定资产投资？要过上什么样的生活？你的家庭与健康水平如何？把它们仔细地想清楚，一条一条地计划好，记录在案。

2. 五年计划

定出五年计划的目的，是将十年大计分阶段实施，并将计划具体化，将目标进一步分解。

3. 三年计划

俗话说，五年计划看头三年。因此，你的三年计划要比五年计划更具体、更详细，因为计划是你的行动准则。

4. 明年计划

定出明年的计划，以及实现计划的步骤、方法与时间表，务必具体、切实可行。如果从现在开始制定目标，则应单独订出今年的计划。

5. 下月计划

下月计划应包括下月计划做的工作，应完成的任务的质和量方面的要求，财务收支，计划学习的新知识和有关信息，计划结识的新朋友等。

6. 下周计划

下周计划的内容与月计划相同，重点在于必须具体、详细、数字化，切实可行，而且每周末提前计划好下周的计划。

7. 明日计划

选取最重要的三至五件事，根据事情的轻重缓急，按先后顺序排队，按计划去做，可以避免"捡了芝麻，丢了西瓜"。

确立目标是制订职业生涯规划的关键，有效的生涯设计需要切实可行的目标，以便排除不必要的犹豫和干扰，全心致力于目标的实现。

（三）行动方案

你的职业正在帮助你实现人生的最终目标吗？你是否有一种途径可以让你现有的职业与你的人生基本目标相一致？正如一场战役、一场足球比赛都需要确定作战方案一样，有效的生涯设计也需要有确实能够执行的生涯策略方案，这些具体的且可行性较强的行动方案会帮助你一步一步走向成功，实现目标。在制订行动方案时，需要考虑以下几个问题。

（1）我想往哪方面发展？

（2）我可以往哪方面发展？

（3）我需要哪些特别的培训和学习？

（4）为使自己的发展道路顺畅坦荡，需要排除的内部和外部障碍有哪些？

（5）我目前的上司在这方面能给我帮助吗？我周围的人在这方面能给我帮助吗？

（6）目前的公司对我成功的帮助可能性有多大？是否比在其他公司机会更大？

在理清自己需考虑的问题后，制定切实可行的行动方案。

（四）开始行动

这是所有生涯设计中最艰难的一个步骤，因为行动就意味着你要停止梦想而切实地开始行动。如果动机不转换成行动，动机终归是动机，目标也只能停留在梦想阶段。职业规划成功的案例都是在有明确的职业目标后，在求职过程中不断与目标看齐。当然，并不是每个人都具有远见，定下自己的目标，并有计划地不断朝这个方向努力，但这一点对职业发展起着至关重要的作用。

影响你职业生涯规划的因素很多，有的变化因素是可以预测的，而有的变化因素难以预测。要使职业生涯规划行之有效，就须不断地对职业生涯规划进行评估、修正，看生涯目标、生涯策略、方案是否恰当，以更好地适应环境的改变，同时可以作为下轮生涯设计的参考依据。

创业生涯是一本书，你就要一页一页地翻看；创业生涯是一条路，你只得一步一步地走下去。合理的规划可以帮助你清理路上的障碍，你所要做的就是按照规划坚持着走下去，虽然有时候速度可能会很慢。

三、大学生创业者如何实现生涯规划

有创业打算的大学生，在做好创业的职业生涯规划后，为实现创业目标，应该有针对性地安排自己的大学生活，培养自己的创业技能。

（一）打好扎实的文化底子

创业者的文化素质对创业有着举足轻重的作用。在知识大爆炸、竞争日益激烈的今天，单凭热情、勇气、经验或大学生创业的优惠政策，要想成功创业是很困难的。创业者要运用创造性思维，作出正确决策，必须掌握广博的文化知识，具有一专多能的文化结构。

　　具体来说，创业者要准备的知识大致有三类：一是创业成功所需要的专业技术知识；二是创业之后持续发展的经营管理知识；三是与社会各方面交往所需要的知识。实践证明，有利于创业的知识结构，不仅需要具备必要的专业知识、经营管理知识，而且还必须具备综合性知识制定出详细的创业计划，如有关政策、法规，以及更广的人文社会科学知识。前两类知识往往是实用性的，一般容易被创业者注意到，而后一类知识则是可持续性发展的，应该得到创业者越来越多的关注。

　　在中国改革开放的前二十年，涌现了一批又一批的富翁，他们当中不乏凭着聪颖的头脑、辛勤的工作逐步成功的。但毋庸讳言的是，一大部分的暴富者文化素质并不高，他们的成功多半来自于环境和机遇，因而在成功之后，阻挠他们进一步发展的可能就是文化素质。现在全球进入了知识经济时代，在中国新一轮创业高潮中，成功者大部分是那些拥有文化知识的人。大学生创业者应该知道文化素质是一个人的修养，通过多看书、勤思考，把逐步提高文化修养渗透到自己的言行中。

　　1. 宽厚的专业文化基础

　　投资创业，没有厚实的专业文化等于建造空中楼阁。一般来说，创业者创办公司的专业文化，指的是从事某种行业所涉及的生产领域和销售领域的文化。创业者把公司定位在哪个领域，就需要精通哪个领域的专业文化。而且专业文化掌握得越多，对于经营公司越有利。丰富深厚的专业文化可以使他不受制于人，立于不败之地。

　　当然，实践中也有转行获得很大成功的例子，这多半源于创业者的兴趣，是通过刻苦钻研学到了该行业的专业文化，还是属于"懂哪行做哪行"。哪行有把握做哪行，事业才能获得更大可能的成功。白手创业的人一般财力有限，所以，对于创业项目的选择一定要慎重。

　　2. 宽广的经营管理知识

　　市场如同战场，它对弱者的惩罚并不会因为你的无知而有所宽容。倘若不能及时抓住信息，那么发财的机遇就可能与你擦肩而过；倘若没有高超的运作技巧，那么生意谈判场上就会受制于人，被对方牵着鼻子走；倘若不懂得公关，不会应酬，不善于推销自己，那么就等于画地为牢，再香的酒也只好埋名于深巷里。因此，聪明的创业投资者应该懂得经济学、市场学、营销学、会计学、统计学、心理学、公共关系学等方面的基本知识，了解这些方面的基本规律。比如，一个创业者要全面进行公司运作经营，了解一些商务运作的基础知识是十分必要的。一次成功的推销不是一个偶然发生的故事，它是学习、计划，以及一个销售代表的知识和技巧运用的结果。没有学问作为根基的销售，只能视为投机，无法真正体验销售的妙趣。创业者可对照以下问题进行理性思考：应知道哪些力量影响着市场经济，应对市场经济指标有一定的了解，要具备做计划和预算的能力，要了解公司的财务管理和控制，要初步了解进货和存货控制，要培养对市场分析、预测的能力，要了解广告、促销等营销手段、方法和技巧，要对建立公司内部管理机制有一定的思考。

当然，上述能力并非要求创业者一下子全部掌握，创业者可以边学边用，例如找一些书籍自学，或者向一些有经验的人请教。但是，创业者一定要对公司的经营管理有足够的重视。投资创业得会理财，有钱无计划，花钱如流水，不是老板品格。世界首富、全球电脑软件大王比尔·盖茨从不乱花一分钱。而我们有些个体公司的老板，讲阔气、摆派头、出手阔绰，公司运转三两个月资金就空了。一个称职的老板是很会精打细算的。

3. 宽泛的综合性知识

一个青年创业者有没有成长为企业家的潜质，主要看创业者是否具备抗挫折的能力，即"不是看专业知识如何，重要的是创业者的综合素质"。

人的思维方式是文化素质的综合体现，时刻对周围事物保持强烈的好奇心是一些成功企业家不同于常人之处。作为一个创业者，要时时探究自己的内心思想，看看自己是否存在一些思维定式。因为有时候并不是没有机会的存在，而是局限于创业者存在思维定式，对一些宝贵的商机视而不见，从而错过了许多时机。创业者每当觉得事情没有转机的时候，就要从自己的思维方式去考虑，有意识地跳出自己的思维模式，就会有豁然开朗的感觉。

获得知识的过程就是一个不断学习的过程。唯有知道得比竞争者更多、学习的速度比竞争者更快，才可能在市场竞争中立于不败之地。创业者要掌握更多的知识和获得更多信息，除了不断学习、不断进取，别无选择。聪明的创业者应尽量学会把自己的工作、学习、生活条理化，在忙碌的创业过程中挤出时间读些书，日积月累，创业者就会慢慢发现自己头脑变得更加灵活，更善于思考问题了。

（二）培养社交沟通能力

在信息获取、经济运作、分析研究乃至生活的方方面面，都离不开与人的交往，学会与人打交道是未来的一项重要素质。大学生在创业过程中，无论是市场调研、市场开发、市场开拓，还是创业团队内部的整合、融通，都要求其具备良好的交际能力、沟通能力、合作能力和人际协助能力。

"人生成功的秘诀，在于你能驾驭你四周的群众。"这是美国前总统里根在一次演讲餐会中，勉励企业精英们如何追求卓越的金玉良言。事实上，成功的企业家都有一个显而易见的共同特色：卓越的沟通能力。他们除了拥有丰富的专业文化、无限的潜力、愿意冒险、勇于负责等特质外，他们的所作所为都基于他们自身拥有一套愿意与所有员工不断"沟通"的管理哲学。

作为一个创业者，既要维系公司内部的人际关系，又要为企业与外部建立良好的人际关系。因而你创业成功与否，完全取决于你与团队内外成员"沟通顺畅"的能耐和功夫。如果你塑造了气质谦逊、稳重宽厚、作风民主、平易近人的良好自身形象，巧妙地赢得下属的喜欢、尊重、信任和合作，那么你可能就与成功相距不远了；如果你还能够努力建立促进公司业务发展的社会关系网，尤其是要设法开拓和社会上有影响力的机构及个人的良好关系，为企业今后的战略发展铺平道路，那么你不是与成功结伴，成功又能属于谁呢！

大量调查表明："沟通、采纳意见、愿意倾听"是领导者博得众人尊重的最重要的一个特质。创业者的沟通能力通常体现在两个方面：一是洗耳恭听；二是能说会道。所谓"洗耳恭听"，指的就是"倾听"的能力，这是迈向成功的第一步。至于"能说会道"，则是"说服"的能力。政治家丘吉尔说过："站起来发言需要勇气，而坐下来倾听，需要的也是勇气。""上天赋予我们一根舌头，却赐给我们两只耳朵，所以我们从别人那儿听到的话，可能比我们说出的话多两倍。"哲人的这句话，就是告诉我们要多听少说。

（三）经营管理能力的培养

市场营销能力及商业管理经验的缺乏，是影响大学生成功创业的重要因素。大学生们由于缺乏必要的实践能力和大学生经营管理经验，很难一下子胜任大学生创业的角色。他们的大学生创业计划往往看上去很美，却又容易被市场无情地淘汰。

大学生经营管理的才能，表现在精于运用组织力量。把各种不同才能的人恰当地结合起来，形成配合默契、步调一致的集体活动，这样，大学生创业者才能有效地调动各方信息，并有机地运用处理它们。这就犹如一个交响乐团，拉提琴的、吹号的、击响器的、弹钢琴的及歌唱家，在乐队指挥的巧妙安排和调度下，演奏出美妙的乐章。大学生创业者有了领袖风度，才能求得员工的认同，使大学生创业者和员工同心协力让企业获得成功。

大学生创业者必备的三种管理技能：第一，现金流的管理。无论对个人、家庭还是公司，现金流就如人身体里的血液一样不可缺少，要保持良好的流动性。第二，人事管理。好的人才是无价的，公司的竞争就是人才的竞争，团队建设、人事管理是企业家最重要的工作。第三，个人时间管理。时间是最有价值的资产，企业家更要做好个人的时间管理，因为你是公司的船长。

大学生创业者在创业初期一般不能掌握丰富的企管经验或多方面的专长，但成功的大学生创业者大都具有比别人更优秀的学习能力，并且有高度的创新精神，因为他们善于在实践中学习。这种事例不胜枚举，成功的大学生创业者对于新事物都具有积极的学习能力与高度的创新精神。坚持不放弃，愿意不断学习并尝试新方法，才有可能收获美好的成果。

（四）积攒自己的人脉

每个人都有自己的交际圈，你的交际圈的质量可以看得出你今后的成就。作为大学生创业者来说，如何积累自己的人脉资源是至关重要的。人脉的质量，有的时候会使创业者的创业如虎添翼。众所周知，现在步入大学就相当于步入了一个小型的社会。既然步入了社会，就一定会有利益之分，有利益可图就需要你有一个较好的人脉。

对于大学生，有一个很广泛而且可利用的人脉，可以让你在大学里生活得更加充实，更加自由，而且办事更加顺手方便。举例来说：刚步入大学，学生会、班干部是首先要考虑加入的群体，怎么才能加入呢？当然不是一个人埋头苦干，这需要了解、认识更多的朋友。在班里，谁的人脉广，谁与同学们关系好，大家自然会选谁做班干部。而学生会则更是这样，不要想着去准备一个完美的演讲稿，那是上个世纪的事，现在问的是，认识学生会的主席吗？知道辅导员吗？再优秀的领导人才，就算再有能力，如果没有认识到一个伯乐，也很难获得关注与认可。搞好人脉，这是准备创业的大学生在大学期间非常需要训练的能力。如果没有广泛的人脉，这些都是镜花水月。现在，已经很少有哪个光棍英雄的成功案例。

（五）对驾驭市场能力的培养

尽管一位杰出的科学家有高明的创意和高科技产品，但他说不清产品的市场在哪里，也未曾接触任何可能的潜在客户，银行是不会把贷款发放给他的。这可能是一般专业技术创业者的最大盲点。一个创业者如果没有强烈的市场意识，不懂得以顾客需求来引导产品创新的方向，坚持闭门造车，那么，十之八九会失败。

这就要求大学生创业者增强对市场经济的认知能力。就像学游泳的人要识水性一样，大学生创业之初必须了解市场经济、掌握市场规则，不断提高驾驭市场的能力。只有这样，创业者才能做到深谋远虑、运筹全局，遇到事情能够及时拿出主意，并且点子多、办法多，处理问题善于作出决断，能够在错综复杂的情况下判别事物的本质，从多种主意中选出最好的主意，从多种方案中选出最佳方案，不为一时一事的得失所困惑，善于排除干扰，控制局势，使之向有利于新创事业的方向发展。

同时，大学生创业者要培养对新环境、新事物、新问题有敏锐感知的能力，尤其在出现某种新动向时有特别灵敏的觉察力，善于捕获信息，加工出新观念、新设想。在决策条件已经改变的情况下，或者接到突然信息，创业者能够做到既不惊慌失措、无所适从，又不迷信权威，不崇拜偶像，不为过时的老观念、老框框所束缚，能够沉着冷静，随机应变，临机处置，走出新路子。

知 识 分 享

六大步骤安排自己的创业生涯

1. 克服你的弱点

在努力过程中，不要老是做你喜欢和擅长的事，也要倾注意力于你有待改进的领域。

2. 每次进取一个目标

不要幻想着一步登天，只谋求每一次比前阶段上升百分之一。每天进步1%，慢慢地，成功就这样被一点点积累出来。

3. 把时间敲死

大量事实说明：时断时续、信马由缰式的"勤奋"不会有好效果。要想出成绩，必须做到时间固定、雷打不动、确保实效。

4. 安排休整的时间

不要忘记在时间表上安排"休息"的时间：在家里，可以安排个午觉；即使在办公室，也要学会在脑子紧张运转之后"换换挡"。

5. 给自己一个胡萝卜

不管你的任务多艰巨、时间有多紧，都要为自己取得的成绩设置"奖励"。如果你完成了今天规定的任务，不妨去看一场电影；如果你坚持了本月的训练计划，可以为自己买一双新跑鞋。这样的"奖励"能刺激自己更努力地工作。

6.组织起你的拉拉队

不管你的目标是什么，单打独斗总是难受的。你需要有人支持你，对你说"干得好！"告诉你的亲朋好友你的目标是什么，看看他们在哪些地方能够提供帮助。你需要他们的帮助来实现你的目标，他们也需要你的帮助来实现自己的价值。奋斗过程中会遇到障碍、困难和痛苦难熬的时刻，有时，你甚至想把这一切全放弃。他们对你的鼓励往往就成为你翻越阻碍的动力。

（资料来源：CNKI 学问网。）

▶▶▶ 大学生创新创业教育

第一节　大学生创新创业教育概述

　　大学生是最具创新、创业潜力的群体之一。在高等学校开展创新创业教育，积极鼓励高校学生自主创业，是教育系统深入学习实践科学发展观，服务于创新型国家建设的重大战略举措；是深化高等教育教学改革，培养学生创新精神和实践能力的重要途径；是落实以创业带动就业，促进高校毕业生充分就业的重要措施。

　　大学生创新创业教育是促进大学生成长成才，实现人生价值的重要方式。大学生不仅要学习和掌握扎实的科学理论知识，还要有创新思维和创业意识，勇于投身社会主义现代化建设事业的伟大实践，在创业中成就事业，在创业中成长成才。加强创新创业教育，符合大学生成长成才的需要，有利于帮助大学生更新就业思路，转变就业观念，树立创新精神，强化创业意识；有利于帮助大学生掌握创业方法，养成克服困难、承担风险的心理和意志；有利于帮助大学生积累实践经验，增强实践能力，增长实践本领，为成长成才奠定扎实的基础。

一、大学生创新创业教育的内涵

　　要了解大学生创新创业教育，就要首先了解何谓"创新""创业"。创新一词，起源于拉丁语，它是以新思维、新发明和新描述为特征的一种概念化过程。原意有三层含义：第一，更新；第二，创造新的东西；第三，改变。人类社会发展进步到今天，很大程度上是因为人类思想的更新和实践的推动。可以说，没有创新，历史就会止步不前。创新，实际上是人的心理中创造性的成分，是发明或发现一种新的方式来处理某种事物的思维过程，是在已有的知识和经验的基础上进行想象，加以构思，进行新组合，发展新思想，发展新理论，以便产生某种新产品，或者以一种新的方式，解决前人未能解决的各种问题的能力。对于创业，《辞海》的解释是"创立基业"。在现代经济社会中，创业是一个创造、增长财富的动态过程，是一个发现和捕获机会并由此创造出新颖的产品或服务并实现其潜在价值的过程。狭义的创业是指创业者的生产经营活动，主要是开创个体和家庭的小业；广义的创业是指创业者的各项创业实践活动，其功能指向是成就国家、集体和群体的大业。

知 识 分 享

什么是创新？什么不是创新？

QQ 是不是创新？正方会说是本土化创新，反方会说其创意来自 ICQ。

百度是不是创新？正方会说更懂中文，反方会说不过是抄袭 Google，并且搜索质量比不上 Google，通常这种说法会带着点愤青的味道。

Windows 是不是创新？但是老乔早年就愤怒指责是抄袭 Macintosh，而乔布斯本人则是偷了施乐实验室的视窗系统创意。

新浪微博是创新吗？跟腾讯类似，因为影响力越来越大，所以有更多人会说是本土化创新，在某种程度上选择性失忆。当一个产品成功后你会刻意忽视它抄袭的本质，甚至帮助它去反驳。

从以上的例子我们得出一个惊人的结论：大多数人对于创新并没有一个清晰的界定，融汇了大量的主观认知与外部影响，甚至有可怕的从众效应。

换言之，无论你怎样做，只要群众愿意都可以认定你创新还是不创新，谎言说一万遍也就变成了真理。我们来看一些影响人类发展的重大创新。

- 印刷术：改变了知识的传承与传播方式。
- 白炽灯：改变了人类照明的方式。
- 照相机：改变了人类记录现场的方式。

它们都有一些共性：以前没有过，对特定领域产生了巨大颠覆，覆盖面足够广。但以这样的标准，很多被认为创新的产品都可以彻底被忽视了。

（资料来源：百度文库。）

创业教育（enterprise education）是在 1989 年 12 月由联合国教科文组织在北京召开的"面向 21 世纪教育国际研讨会"上提出的。联合国教科文组织指出，创业教育从广义上来说是培养具有开创性的个人，这种人应具有首创冒险精神、创业能力、独立工作能力以及技术、社交和管理技能。在《21 世纪的高等教育：展望与行动世界宣言》中明确提出，"高等学校，必须将创业技能和创业精神作为高等教育的基本目标"，要使毕业生"不仅成为求职者，而且逐渐成为工作岗位的创造者"。

在《教育部关于大力推进高等学校创新创业教育和大学生自主创业工作的意见》中，创新创业教育的核心内涵指的是面向全体学生，结合专业教育，将创新创业教育融入人才培养全过程。要以转变教育思想、更新教育观念为先导，以提升学生的社会责任感、创新精神、创业意识和创业能力为核心，以改革人才培养模式和课程体系为重点，立足专业教育实际，通过专业教育教学改革，大力推进高等学校创新创业教育工作，不断提高人才培养质量。

而我国教育界对创新创业教育内涵的解释，主流的观点是：广义上指通过课程体系、教学内容、教学方法的改革，以及第二课堂活动的开展，培养学生的创新实践能力，提高学生的整体素质，增强学生的创业意识；狭义上指对学生创业能力的培养，通过开设课程、资助资金、提供咨询等方式使学生具备开办企业的能力。这种观点既在广义上强调了教学改革，又在狭义上强调了创业技能、资金条件，可以认为是最具有解释力的观点。

二、大学生创新创业教育的意义

开展创新创业教育，对推进创新型国家建设、促进科技成果转化、深化高等教育改革、促进大学生自我发展方面，都具有重要意义。

（一）开展创新创业教育是创新型国家建设的迫切需要

进入 21 世纪，应对激烈的国际竞争，我国迫切需要建设创新型国家，增强实力，摆脱不平等的国际分工。建设创新型国家的首要问题是在全社会培育创新精神，关键环节是使企业成为创新主体，核心要素是造就大批创新型人才。而创新精神的培养、企业创新主体地位的确立、创新型人才的造就，很大程度都依赖于创新创业教育。

从国际和国内历史经验来看，企业在创新体系中具有重要的作用。中国在计划经济体制下，主要依靠政府、科研院所和高等院校来推进技术创新。但随着市场经济体制的建立和逐步完善，企业在自主创新中发挥着越来越重要的作用。而企业的创立和发展，更是离不开创业教育。

（二）开展创新创业教育是促进科技成果转化的迫切需要

我国要在 21 世纪中叶达到中等发达国家水平，必须大力提升全民的创新意识和创新能力，抓住机遇大力发展知识经济，实现我国经济社会的协调发展。据统计，我国科技成果转化率只有 15% 左右，技术进步对经济增长的贡献率只有 29%，远低于发达国家 60%—80% 的水平。高新技术企业的产值在社会总产值的比例仅为 2%。另外，我国每年有 20 000 余项比较重大的科研成果和 5 000 多项专利，但是最终转化为工业产品的成果不足 5%，而欧美发达国家的转化率则高达 45%。

造成这种局面的原因很多，其中缺乏创业意识和创业技能是重要制约因素之一。由于缺乏创业意识和创业技能，单纯技术发明或创新没有创造原动力，欠缺面向应用的针对性，因此难以转化。开展创新创业教育将在很大程度上促进科技成果转化。

（三）开展创新创业教育是深化高等教育改革的迫切需要

随着高等教育大众化进程的加快，当前大学生就业形势已日趋严峻，大学生毕业即失业的现象已不鲜见。如果大学生一味等待就业机会的来临，而非积极地创业和开拓事业，那么，在就业状态下，将部分挤占社会岗位资源，加剧整个社会就业负担；在失业状态下，将会造成智力资源的极大浪费，同时会延缓高等教育大众化的进程。

发达国家的经验表明：有效实施创业教育，可以培养和造就数以百万计有创业精神和创业能力的小型企业家，这既可增强国家经济活力，促进社会经济发展，又可优化人力资源配置，缓解社会就业压力。就业教育与创业教育是两种不同的教育质量观，采用两种不同的培养模式。深化高等教育改革就是要改变传统就业教育的思维模式，使高校毕业生不仅是求职者，更是工作岗位的创造者。

（四）开展创新创业教育是促进大学生自我发展的迫切需要

当代大学生更加关注个性化发展，越来越多的学生以创业为目标，追求在最大程度上发展个性、实现自身价值。同时，面对激烈的就业竞争压力，不少学生为拓展将来职业发展空间，在夯实理论知识、掌握基本技能的同时，迫切希望学习一定的创业知识，培养创业能力。

这些都要求高校在进行传统的就业教育的同时，还必须开展创业教育，注重激发学生的创业欲望，培养其创业素质。只有这样，才能使毕业生具备竞争能力和生存能力，既可以去寻找合适的岗位就业，又能够在为了寻求更好的自我发展机会时走向自主创业的道路。因此，开展创业教育也是学生谋求生存、促进自我发展、实现自身价值的需要。

三、大学生创新创业教育的历史沿革

（一）国际上创新创业教育的发展

大学生创业活动萌发于知识经济时代的到来，始于 20 世纪 80 年代。

第二次世界大战结束后，美国大学的回流学生骤增。为满足财务需求，同时给毕业生提供就业机会，斯坦福大学采纳弗雷德里克·特曼（Frederick Terman）建议开辟工业园，允许高新技术公司租用其作为办公用地。最早入驻的公司是 20 世纪 30 年代由斯坦福毕业生创办的瓦里安公司（Varian Associates）。特曼同时为民用技术的初创企业提供风险资本。惠普公司是最成功的例子之一。在 20 世纪 90 年代中期，柯达公司和通用电气公司也在工业园驻有研究机构，斯坦福工业园逐步成为技术中心。

1983 年，美国奥斯汀德州大学举办了首届大学生创业竞赛（他们称之为商业计划竞赛），接着包括麻省理工学院、斯坦福大学等世界名校在内的十多所大学，每年都举办这一类的竞赛，并逐步辐射世界其他国家的大学。

在亚洲，联合国教科文组织亚太地区办事处开展了"提高青少年创业能力的教育联合革新项目"，中国、日本等 9 个国家参加了这一项目。1989 年年底在泰国曼谷召开了项目规划会议，1991 年 1 月在日本东京召开了项目中期研讨会，1991 年 11 月又在泰国曼谷召开了项目的终结评估会。

通过创业教育，可以弥补创业经验的不足，从而系统地发展创业技能。百森学院和伦敦商学院联合发布的 GEM 报告显示，2001 年，美国有超过 1 500 所四年制大学和学院提供了创业课程，可以说目前几乎所有参加美国大学排名的大学均已经开设了创业课程，创业教育成为大学教育的重要组成部分。美国的创业教育甚至延伸到中学教育，形成了从中学到大学层次不同的课程，这种创业教育体系现仍在不断扩大和深化中。

（二）国内创新创业教育的发展

国内大学毕业生零星开展自主创业早已有之，而创新创业教育是 20 世纪 90 年代在一些高校悄然兴起的。

作为联合国教科文组织"创业教育"项目的成员国，我国早在 1991 年就在基础教育阶段试点创业教育，由原国家教委基础教育司牵头组织了六省市布点研究和实验。当时，创业教育在我国 6 个省市、20 个县乡的 30 多所学校的实验研究取得了一定的成绩。但是，这项实验未能推广和坚持下去。

1998 年，清华大学通过多项举措，开创了国内高校开展创新创业教育的先河：在国内管理学院中率先为 MBA 开设了"创新与创业管理方向"；为全校本科生开设了"高新技术创业管理"课程；成立了中国创业研究中心；举办了中国最早的学生创业计划竞赛。一系列举措，引发了学生的创业热潮，激发了创业教育需求，有力地推动了我国创业教育的发展。

1989年，共青团中央牵头组织了首届"挑战杯"中国大学生创业计划竞赛。2000年1月，教育部颁发有关规定：大学生、研究生（包括硕士生和博士生）可以休学保留学籍创办高新技术企业。2002年4月，教育部在清华大学、北京航空航天大学、中国人民大学、上海交通大学、西安交通大学、武汉大学、黑龙江大学、南京财经大学、西北工业大学9所大学开展创新创业教育试点工作，这标志着我国高校创新创业教育由自发探索阶段进入到教育行政部门引导下的多元探索阶段。

2003年是首批扩招大学生就业年，在严峻的就业形势下，高校学生涌现出的创业激情，成为大学生价值取向和择业的新动向。据统计，2005年全国自主创业的高校本科毕业生达1.35万人，比2004年增加了55.2%。

党的十七大报告将"建设创新型国家"定为国家的战略目标，在教育部下发的《关于大力推进高等学校创新创业教育和大学生自主创业工作的意见》《国家中长期教育改革和发展规划纲要（2010—2020年）》中，也都明确指出，要大力推进高等学校创新创业教育。

2008年9月，国务院办公厅下发《关于促进以创业带动就业工作的指导意见》，在这一政策指导下，各地方也先后出台相关优惠政策，大学生创业教育得到了快速发展。

2010年5月4日，教育部下发《关于大力推进高等学校创新创业教育和大学生自主创业工作的意见》，这标志着创新创业教育进入教育行政部门指导下的全面推进阶段，形成了创新创业教育、创业基地建设、创业政策支持、创业服务"四位一体、整体推进"的格局。同时，"教育部高等学校创业教育指导委员会"也于当年5月份成立，由知名企业家、企事业单位专家、高校教师、相关部门负责人组成。创新工厂的李开复、阿里巴巴的马云、用友软件的王文京、新东方的俞敏洪等知名创业型企业家都被邀请为该指导委员会的成员。

2012年8月1日，教育部下达《关于印发〈普通本科学校创业教育教学基本要求（试行）〉的通知》，将"创业基础"课程纳入全体本科生必修课。随后，联合国青年就业网络中国示范项目CDEP平台开通创新创业系统。这标志着创新创业教育在我国高校的全面开展，并逐渐与世界接轨。

四、大学生创新创业教育存在的问题

由于我国的创新创业教育起步晚，发展曲折反复，各高校的探索尝试在取得一定成绩的同时，还存在一些亟待解决的问题。

（一）教育理念滞后

首先，对创新创业教育认识存在误区，有些人认为创业教育就是教学生怎么开"公司"、当"老板"赚钱，也有些人认为自主创业的毕业生是极少数，是学生毕业后的事情，因此在大学开展创业教育的需求和意义不大。这些将创新创业教育的理解庸俗化，使得创业活动停留在创造财富和利润的功利性层面，没有上升到以社会责任为己任来开创事业的理性层面与价值论的高度。

其次，在实际推行创新创业教育过程中，往往忽视创新创业意识的培养，过多局限于知识传授，往往只针对部分精英学生，而忽视全体学生创新创业意识的培养。

（二）师资力量缺乏

要培养学生具有创新创业意识，作为知识传授者的教师首先必须具有创新创业意识。目前，我国高校教师实际情况难以适应这种需要，现在高等学校实施创业教育的教师大多是从校门到校门的学术专家，虽然知识比较丰富，但绝大部分没有受到系统的创新创业教育，缺乏创业教育意识，更别提创业经历和创业实践指导能力，因而在教学过程中更多倾向于理论说教，达不到实施创新创业教育的目的。

（三）课程体系不健全

目前国内创新创业教育仍处于起步阶段。现阶段，虽然很多院校都开设了"创业管理"等课程，但是较为全面、系统的创新创业教育课程体系还没有建立起来。目前将创业教育方面的课程列入必修课的学校还比较少，大多以选修课的形式出现。另外，由于缺乏相关教材的支撑，全国还没有统一的创新创业方面的统编教材。

（四）实践教学体系不健全

要将创新创业教育落到实处，必须有相应的实践教学体系做支撑，目前各高校普遍缺乏与之相配套的实践类课程，缺乏稳定的实践基地与平台。大多数创新创业实践借助于"挑战杯"及创业设计类竞赛开展，只有少数精英参加，对大多数学生来说，创业实践仅仅流于想象。

针对这些问题，国家相关部门和各高校已经给予高度重视。近年来，创新创业教育的地位、创业教育的课程体系、师资队伍建设、创新创业实践教学体系、创新创业教育保障体系等方面不断加强和完善，取得了一些成绩，积累了一定的经验。然而，跟国外发达国家相比，我国的创新创业教育还任重道远，需要在实践中不断探索。

第二节 大学生创新创业教育实施

大学生创新创业教育包括哪些方面，又该如何进行？这是摆在所有高校面前的一个大问题。从本质上来说，创新创业教育是一种素质教育，不同于职业技能培训，也不同于以创业开办公司为目的的创业培训。创新创业教育不仅仅向学生传授创业知识和创业技能，其核心目标更是着力引导学生正确理解创新创业与国家经济社会发展的关系，着力引导学生正确理解创新创业与职业生涯发展的关系，培养大批具有创业精神和创新能力的高素质人才。

一、大学生创新创业教育的内容

从国际经验来看，大学生创新创业教育都是以培养具有创新思维和创业能力的高素质创新型人才为目标，以培育学生的创业意识、创业精神、创新创业能力为主的教育。创新创业教育的核心是创新，创新支撑着创业。归纳起来，大学生创新创业教育的内容体系包括以下方面。

（一）意识培养

创新的前提条件要求必须具备创新的思维，创新创业教育首先要培养的就是学生勇于探索、开拓进取的创新精神，使学生了解创新型人才的素质要求，了解创业的概念、要素与特征等，掌握开展创新创业活动所需要的基本知识。

创新思维是指个人创造新事物、新概念、新产品的能力，是人类创造性的操作化、具体化和物质化。它要求学生在学习知识的过程中，不拘泥书本、不迷信权威、不墨守成规，以已有的知识为基础，结合学习的实践和对未来的设想，独立思考、大胆探索，勇于标新立异，积极提出自己的新思想、新观点、新问题和新方法。

创业意识的培养，主要包括创业需要、创业动机、创业兴趣、创业理想、创业信心和创业世界观的培养。其中：创业需要和动机是创业意识的基本层面；创业兴趣是从事创业活动的积极情绪和态度定向；创业理想是对创业活动未来奋斗目标的持久向往和追求；创业信念是对创业活动和实践所形成的认识、看法和见解，并坚信其真实性和有效性的心理倾向；创业世界观则是由一系列创业信念所组成的逻辑系统。

（二）能力提升

创新能力是指运用知识和理论完成创新过程、产生创新成果的综合能力，其表现形式是发明和发现，是人类创造性的外化；创业能力是指在各种创新活动中，凭借个性品质的支持，利用已有的知识和经验，新颖独特地解决问题，产生出有价值的新设想、新方法、新方案和新成果的本领。因此，创新创业教育需要解析并培养学生的批判性思维、洞察力、决策力、组织协调能力与领导力等各项创新创业素质，使学生具备必要的创新创业能力。

创新创业所需要的技能可以概括为两个层面，即主观方面和客观方面。

主观方面，即创新创业的大学生在主观意识层面的能力，具体可以分为强烈的内部驱动能力、敏锐的洞察能力、科学的分析能力、客观的自我评估能力。其中：驱动力包括创新观念、创新精神、创新思维；洞察能力包括调研能力、感知发现机会的能力；分析能力包括宏观环境分析能力、市场需求分析能力、产品定位分析能力；自我评估能力又包括自我实力评价能力、平衡能力、商业风险预警能力。

客观方面，即大学生在实践层面上的操作能力，是将创新创业的动机、意识、精神等主观要素与客观的人力、物力、财力条件结合的能力，具体包括卓越的判断力、高效的执行力、良好的公关能力、极强的应变能力。其中：判断力包括制定战略、创新研发、处置资源、适应角色等方面的能力；执行力包括领导力、贯彻力、推动力、监督力等方面；公关能力包括人际处理、商务谈判、战略合作、消费者互动等方面的能力；应变能力包括抗风险能力、革新能力、变通能力等方面。

（三）实践模拟

仅仅具备创新意识、创新能力是不够的，它只是为创新创业的成功提供了可能性和必要的准备，如果脱离实践，创新创业也就成了无源之水、无本之木。P. J. Philip研究发现，在教学实践中，学生往往可以记住他们所读到的10%，他们所听见的20%，他们所看见的30%，他们所听见且看见的50%，他们所说过的70%和他们在做一件事情时所说过的90%。为此，在创新创业教育的开展过程中，美国加州理工大学推出了夏季大学生研究计划（SURF），哈佛大学推出了FAP计划、HCRP计划，普林斯顿大学还专门规定了凡三年级学生均应从事一项独立的创新活动等。

实践最能锻炼和培养一个人的才能，只有在实践中多看、多思、多问、多记、反复检验，反复调查，不断总结，吸取教训，才能从实践中摸索出真知。大学生通过参加各种专业竞赛和科研活动，如"挑战杯"中国大学生课外学术科技作品竞赛和中国大学生创业计划竞赛，对于增强创新意识，锻炼和提高观察力、思维力、想象力和动手操作能力都是十分有益的。

二、大学生创新创业教育的方式

根据教育部要求，创新创业教育要遵循教育教学规律和人才成长规律，以课堂教学为主渠道，以课外活动、社会实践为重要途径，充分利用现代信息技术，创新教育教学方法，努力提高创业教育教学质量和水平。

（一）课堂教学

大学生创新创业教育理念要转化为教育实践，需要依托有效的课程载体。课程体系是实现创新创业教育的关键。创新创业教育课程体系主要由以下三个层次构成：第一层次，面向全体学生，旨在培养学生创新创业意识、激发学生创新创业动力的普及课程；第二层次，面向有较强创新、创业意愿和潜质的学生，旨在提高其基本知识、技巧、技能的专门的系列专业课程；第三层次，旨在培养学生创新创业实际运用能力的各类实践活动课程，要以项目、活动为引导，教学与实践相结合，有针对性地加强对学生创业过程的指导。

大学生创新创业教育课程要倡导模块化、项目化和参与式教学，强化案例分析、小组讨论、角色扮演、头脑风暴等环节，实现从以知识传授为主向以能力培养为主的转变、从以教师为主向以学生为主的转变、从以讲授灌输为主向以体验参与为主的转变，调动学生学习的积极性、主动性和创造性。

（二）课外活动

充分整合校内教育资源，组织开展灵活多样的创业讲座、创业训练、创业模拟、创业大赛等活动。积极创造条件，支持学生创办并参加创业协会、创业俱乐部等社团活动。

拓展阅读

"创青春"全国大学生创业大赛是"挑战杯"中国大学生创业计划竞赛的改革提升

2013 年 11 月 8 日，习近平总书记向 2013 年全球创业周中国站活动组委会专门致贺信，特别强调了青年学生在创新创业中的重要作用，并指出全社会都应当重视和支持青年创新创业。党的十八届三中全会对"健全促进就业创业体制机制"作出了专门部署，指出了明确方向。为贯彻落实习近平总书记系列重要讲话和党中央有关指示精神，适应大学生创业发展的形势需要，共青团中央、教育部、人力资源和社会保障部、中国科协、全国学联决定，在原有"挑战杯"中国大学生创业计划竞赛的基础上，自 2014 年起共同组织开展"创青春"全国大学生创业大赛，每两年举办一次。

（资料来源：百度百科。）

（三）社会实践

充分利用校内外资源，依托校企联盟、科技园区、创业园区、创业项目孵化器、大学生校外实践基地和创业基地等，开展学习参观、市场调查、项目设计、成果转化、企业创办等创业实践活动。

案例解析

从社会实践走向创业之路

2018年，结束四年本科生活后，徐某成功取得学校的保研资格继续留在计算机科学与技术学院深造，专攻自然语言处理。在学习的同时，徐某总想着干点什么，实践自己的所学。他为学校多个部门做网站及系统开发，多次担任一些全国重大赛事的网络技术维护，做过的校内外网站和系统达30多个，光说这些经验他可算得上是同学中的佼佼者。

2018年，在院里老师的支持下，徐某成立了自己的个人工作室，主要做网络系统架构、开发升级与维护，同时承接系统开发、网站开发等。另外，他和团队成员还开发了在线收费教育视频，产品已销售10多个拷贝至北京、广西、苏州、辽宁等地。

总结几年来的实践经验，利用攒下来的几万块钱，徐某决定和另外两个同学一起，踏上了创业的征程，创办了苏州＊＊网络科技有限公司，并正式入驻苏州沧浪区创业园。成立半年，公司盈利近10万元，对于这个小团队来说实属不易。

目前，徐某正盘算着开发一个新项目，申请国家的创业基金来缓解目前公司面临的潜在危机。"尽管深知前面是一条充满未知与艰辛的路，但我仍然希望我们能走得更远……"

（资料来源：作者根据网络资料整理改写。）

三、国内大学生创新创业教育的类型

2002 年，高校创业教育在我国正式启动，教育部将清华大学、中国人民大学、北京航空航天大学等 9 所院校确定为开展创业教育的试点院校。十多年来，创新创业教育逐步引起了各高校的重视，一些高校在国家有关部门和地方政府的积极引导下，进行了有益的探索与实践。目前，国内高校的创新创业教育主要有如下几种类型。

（一）以"挑战杯"及创业设计类竞赛为载体，开展创新创业教育

从 20 世纪 90 年代末开始，清华大学、复旦大学等高校就开始借鉴国外大学的经验，形成了以学生创业计划竞赛为载体的创新创业教育。随着全国性的"挑战杯"竞赛影响力的不断扩大，借助"挑战杯"运用第二课堂的形式开展大学生创新创业教育成为高校最为普遍的开展创新创业教育的形式之一。

案例解析

谢应波：从"挑战杯"到上市公司

谢应波是个"80 后"，华东理工大学博士，往届"挑战杯"选手。他创建的上海泰坦化学有限公司，以"Adamas-Beta"这个国际化品牌自主研发高附加值的化学试剂，5 年来研发的试剂品种已达 2 万种，与近百家药化类上市企业有着战略合作关系，成了国内最大的高端试剂品牌。泰坦化学创造了超过 200 个大学生就业岗位。随着今年销售额首破亿元，预计可跻身全球高端试剂三大品牌之列。谢应波信心满满：两三年内公司营收 10 亿元可期。

"我们正力争成为一家上市公司。"谢应波至今难忘，基于他专业团队

的专利技术前景，上海市大学生科技创业基金会的 20 万元给了他创业的"第一桶金"。在短短几年的发展历程中，公司引入了天使投资、产业资本等，还引进不止一家风投机构，注入资本近亿元，为资本市场"接棒"酝酿了条件。

（资料来源：华东理工大学新闻网。）

（二）以大学生就业指导课为依托，开展创新创业教育

随着大学生就业市场化程度的提高，就业指导课程逐步发展为对大学生的职业发展指导和职业生涯指导。创业作为毕业生职业生涯设计的一个内容，指导毕业生创业和创业基本知识的讲授等就被纳入就业指导课程中。

将创新创业教育融入就业指导课已成为各高校开展创新创业教育的另一主要形式。比如，上海对外贸易学院自 2008 级学生开始，将职业规划与发展培训的课程版块做了新的调整，在全体学生中开展创业教育，将创业教育 4 个学分中的 1 个学分列入学生的必修课程，同时还开设创业教育系列讲座，纳入选修课学分序列。

（三）以大学生创业基地（园区）为平台，开展创新创业教育

这种类型在南方院校比较常见，例如，温州大学受区域文化中浓郁的重商理念的熏陶，成功构建了"学生创业工作室、学院创业中心、学校创业园"三级联动的创业实践平台。上海对外贸易学院设立了创业实践中心，自 2005 年创业中心成立以来，由学生先后建立约 83 家公司，其中 14 家为经工商行政部门注册的实体公司。在"全真环境下"引导和推进大学生创业，学生必须按照国家工商、税务管理有关规定注册登记，所创办企业按照市场化运作，依法纳税，优胜劣汰，同时接受政府有关部门的监督管理。

案例解析

温州大学生自发成立创业促进会

2010 年 4 月 25 日，温州大学瓯江学院大学生创业促进会成立仪式在温州大学瓯江学院隆重举行。与以往由政府、社会组织或高校搭建大学生创业支持平台不同的是，该创业促进会是由瓯江学院创业园区二十几家大学生自主创业工作室自发组织成立的。同日，由温州大学瓯江学院在校大学生林国裕，利用前几年的创业收益投资 50 万元注册的温州启未文化传播有限公司正式开业，该公司一次性聘用了 37 名在校生和今年毕业生作为公司员工。

据活动发起并组织者、瓯江学院大四学生林国裕介绍，成立创业促进会的最初想法是能够找几个志同道合的同学一起创业，但在组建公司、申领营业执照和招聘人员的过程中却发现周围有着相似名字的创业工作室很多，"学院以文化传播有限公司命名的工作室就有三家，虽然主要经营项目不同，但多少会存在着雷同和竞争，我们希望通过大家的沟通和交流，能对手中的资源进行整合分配，或者是相互合作，这样更有利于创业成功。"

（资料来源：浙江在线教育频道。）

（四）以专门的组织机构为保证，推动创新创业教育的开展

作为保证，专门成立的组织机构，如北京航空航天大学的创业管理教育学院、西南民族大学的创新创业中心、浙江大学的研究生创新创业中心和未来企业家俱乐部。黑龙江大学还成立了创业领导小组、创业教育学院、创业教育中心、创业教育协调委员会、创业教育顾问团，确定了 6 个校级创业教育试点单位，全面推进创业教育。

（五）以人才培养模式创新实验区为试点，培养创新型人才

在一些高校出现了以人才培养模式创新试验区为试点，培养创新型人才的创新创业教育。在 2008 年国家级人才培养模式创新实验区项目中，有 16 个涉及创新创业教育的实验区成功获批，如上海财经大学的财经人才创业教育创新实验区、大连理工大学的立体化创业教育人才培养模式创新实验区、广西大学的中国-东盟自由贸易区复合型创业人才培养模式改革实验基地等。

（六）搭建创新创业教育课程体系，实施创新创业教育

一些高校初步建立了创业教育课程体系，开设了围绕创业理念、实务、实践三个方面的课程。如中南大学开设有创业教育指导课、创业实训指导课；大连理工大学将创新创业教育分为创业精神、创业知识、创业实践三个模块。

（七）融入人才培养方案，全面实施创新创业教育

目前，创新创业教育的重要性已引起了很多高校的重视，部分高校将其融入人才培养方案，贯穿大学教育全过程。例如，江南大学把创新创业教育贯穿在专业教育、素质教育与就业教育过程中，构建了创新创业公共基础课程体系平台。做到相同学科群的不同专业学生在 1—2 年级主要课程之间打通，从而有效拓宽了学生的专业基础。同时，还加强了实习环节的建设，增加短学期用于实践教学，专设学分用于独立设置的实践教学活动，加强学生实践能力培养。

第四章

4

▶▶▶ **组建团队与架构企业**

第一节 组建创业团队

团队角色理论之父、英国心理学博士贝尔宾认为："没有完美的个人，只有完美的团队。"团队是一种为了实现某一目标而由相互协作的个体组成的正式群体。因此，所有的工作团队都是群体，但只有正式群体才能成为工作团队。现代企业的竞争就是团队间的竞争，就是团队协作能力的竞争。精诚合作的团队精神是企业成功的保证，因此，任何企业从创业之初就要注重高效团队的打造。

一、创业团队的内涵及作用

（一）创业团队的内涵

让我们来明确创业团队的内涵和特征。劳伦斯·霍普将团队定义为：在特定的可操作范围内，为实现特定目标而共同合作的人的共同体。乔·卡岑巴赫（Jon R. Katzenbach）认为，团队具有如下特征。

（1）团队拥有一个共同的任务和目标；

（2）成员同舟共济，共同承担风险与责任；

（3）成员间知识技能具有互补性；

（4）成员之间信息共享，彼此尊重、诚信；

（5）对团队的事务尽心竭力，全方位奉献。

（二）创业团队的作用

一项针对104家高科技企业的研究报告指出，在年销售额达到500万美元以上的高成长企业中，有 83.3% 是以团队形式建立的；而在另外 73 家停止经营的企业中，仅有 53.8% 有数位创始人。这一模式在一项关于"128 公路一百强"的研究中表现得更为明显：100 家创立时间较短、销售额高于平均数几倍的企业中 70% 有多位创始人。

由此可见，现代企业要想少走弯路，从一开始就要走规范化的管理道路。因此，创业者在注册公司时就应该组建创业团队。一个好的创业团队，对新创科技型企业的成功起着举足轻重的作用。新型风险企业的发展潜力（以及其打破创始人的自有资源限制，从私人投资者和风险资本支持手中吸引资本的能力）与企业管理团队的素质之间有着十分紧密的联系。一个喜欢独立奋斗的创业者固然可以谋生，然而一个团队的营造者却能创建出一个组织或一个公司，而且是一个能够创造重要价值并有收益选择权的公司。创业团队的凝聚力、合作精神、立足长远目标的敬业精神会帮助新创企业渡过危难时刻，加快成长步伐。另外，团队成员之间的互补、协调，以及与创业者之间的补充和平衡，对新创科技型企业起到了降低管理风险、提高管理水平的作用。

二、创业团队的构建

（一）建立创业团队

拜尔斯公司合伙人约翰·都尔认为："当今世界拥有丰富的技术、大量的创业者和充裕的风险资本，而真正缺乏的是出色的创业团队。如何创建一个优秀的团队将会是你面临的最大挑战。"

根据团队成员的特征，创业者在建立创业团队时，应该尽可能把"主内"与"主外"的不同人才、耐心的"总管"和具有战略眼光的"领袖"、技术与市场等方面的人才都考虑进来，保证团队的异质性。创业团队的组织还要注意个人的性格与看问题的角度。如果一个团队里有总能够提出可行性建议的成员，以及一个能不断发现问题的批判性的成员，对于创业过程将大有裨益。作为创业企业核心成员的领导者还有一点需要特别注意，那就是一定要选择对团队项目有热情的人加入团队，并且要使所有人在企业初创时就要有每天长时间工作的准备。任何人才，不管他的专业水平多高，如果对创业事业信心不足，就无法适应创业的需要。

以科技型企业为例，这类企业的成功，需要三方面的优秀人才（如图 4-1 所示），且科技型企业的创业团队要体现三方面人才的有机结合。另外，团队成员之间的互补、协调，以及与创业者之间的补充和平衡，对新创科技型企业起到降低管理风险、提高管理水平的作用。

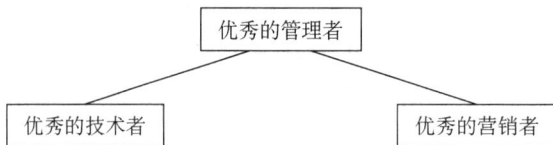

图 4-1 科技型创业团队的三方面优秀人才

（资料来源：创业团队的作用与构建，百度文库。）

（二）创业团队的类型

一般来说，创业团队大体上可以分为三种，这三种团队可以称为星状创业团队（starteam）、网状创业团队（neshteam）和从网状创业团队中演化来的虚拟星状创业团队（virtualstarteam），这和网络拓扑结构极其相似。

1. 星状创业团队

一般在团队中有一个核心主导人物（coreleader），充当了领军的角色。这种团队在形成之前，一般是 coreleader 有了创业的想法，然后根据自己的设想进行创业团队的组织。因此，在团队形成之前，coreleader 已经就团队组成进行过仔细思考，根据自己的想法选择相应人物加入团队。这些加入创业团队的成员也许是 coreleader 以前熟悉的人，也有可能是不熟悉的人，但其他的团队成员在企业中更多时候是充当支持者（supporter）角色。

这种创业团队有几个明显的特点。

（1）组织结构紧密，向心力强，主导人物在组织中的行为对其他个体影响巨大。

（2）决策程序相对简单，组织效率较高。

（3）容易形成权力过分集中的局面，从而使决策失误的风险加大。

（4）当其他团队成员和主导人物发生冲突时，因为核心主导人物的特殊权威，使其他团队成员在冲突发生时，往往处于被动地位，在冲突较严重时，一般都会选择离开团队，因而对组织的影响较大。

2. 网状创业团队

这种创业团队的成员一般在创业之前都有密切的关系，比如，同学、亲人、同事、朋友等。一般都是在交往过程中，共同认可某一创业想法，并就创业达成了共识以后，开始共同进行创业。在创业团队组成时，没有明确的核心人物，大家根据各自的特点进行自发的组织角色定位。因此，在企业初创时期，各位成员基本上扮演的是协作者或者伙伴角色（partner）。

这种创业团队有以下几个明显的特点。

（1）团队没有明显的核心，整体结构较为松散。

（2）组织决策时，一般采取集体决策的方式，通过大量的沟通和讨论达成一致意见，因此组织的决策效率相对较低。

（3）由于团队成员在团队中的地位相似，因此容易在组织中形成多头领导的局面。

（4）当团队成员之间发生冲突时，一般都采取平等协商、积极解决的态度消除冲突，团队成员不会轻易离开。但是，一旦团队成员间的冲突升级，使某些团队成员撤出团队，就容易导致整个团队的溃散。

3. 虚拟星状创业团队

这种创业团队是由网状创业团队演化而来，基本上是前两种的中间形态。在团队中有一个核心成员，但是该核心成员地位的确立是团队成员协商的结果，因此核心人物从某种意义上说，是整个团队的代言人，而不是主导型人物，其在团队中的行为必须充分考虑其他团队成员的意见，不像星状创业团队中的核心主导人物那样有权威。

（三） 优秀创业团队的特征

1. 共同的创业理念

创业理念决定着创业团队的性质、宗旨和创业回报，并且关系到创业的目标和行为准则。这些准则指导着团队成员如何工作和如何取得成功。从某种意义上讲，创业理念甚至比机会、商业计划、融资等细节问题更为重要。共同的创业信念是组建团队的一个基本准则，许多拥有杰出技术或其他相关技能，以及良好教育背景的人在一起创业，往往由于缺乏共同的创业理念，成为高度个人主义竞争的牺牲品。他们的极端个人主义与团队的一致性格格不入，最终将导致创业的失败。实践表明，能够促使团队成功的理念和态度并非定式，但却具备一些共同点。这些理念包括凝聚力、合作精神、完整性、立足长远目标、收获的观念、致力于价值创造、平等中的差异、公正性、共同分享收获。

2. 团队成员的互补关系

互补性是指团队成员在思维方式、成员风格、专业技能、创业角色等方面的互补。团队成员之间可以有一定的交叉，但又要尽量避免过多的重叠。团队成员可能是某一方面的专家，但不可能样样精通，那就有必要利用其他团队成员或外部资源来弥补。一个优秀的创业团队必须包括以下几种人：一个具备高超领导艺术的人，这个人可以决定公司未来的发展方向，用正确的方法激励所有人共同努力实现一个合适的目标，这个人相当于公司战略决策者或公司的带头人；一个拓展能力强的人，他具有产品的销售、融资等方面的拓展能力；一个具有专业管理水平的人，一个企业光有理想没有管理水平就无法控制成本；一个研发能力强的人，特别是对高科技企业来说更是如此。当然创业团队也并非一蹴而就，往往是在新企业发展过程中才逐渐孕育起来的，最终发展成为完美的创业团队。

3. 团队利益第一

团队成员能够同甘共苦，每一位成员都将团队利益置于个人利益之上。他们认识到，个人利益是建立在团队利益的基础上的，因此，团队没有个人英雄主义，每一位成员的价值都体现在其对团队个体价值的贡献上。另外，团队成员愿意牺牲短期利益来换取长期利益，比如，团队成员不计较短期薪资、福利、津贴，而将创业目标放在成功后的利益分享上。

4. 合理的股权分配

平均主义并非合理，团队成员的股权分配不一定要均等，但需要合理、透明与公平。通常核心创业者拥有较多的股权，但只要与他们所创造的价值、贡献相匹配，就是一种合理的股权分配。创业之初的股权分配与以后创业过程中的贡献往往并不一致，因此会发生贡献与报酬不一致的现象，比如，某些具有突出贡献的团队成员拥有股权数反而较少。所以，好的创业团队需要有一套公平弹性的利益分配机制来弥补上述不公平的现象。例如，新企业可以保留一定百分比的盈余或股权，用来奖赏以后有显著贡献的创业人员。

5. 对企业的长期承诺

对于企业经营成功给予长期的承诺，每一位成员均了解企业在成功之前将会面临严峻的挑战，因此承诺不会因为一时利益或困难而退出，并同意将股权集中管理，如有特殊原因而提前退出团队者，必须以票面价值将股权出售给原公司创业团队。

6. 团队成员有良好的沟通

团队的形成可能基于地缘、血缘、学缘、业缘或共同的兴趣，形成团队的成员可能是同乡、亲属、同学、同事关系等。因此，团队成员在创业初期，大多能够齐心协力、精诚团结，为企业的发展贡献自己的力量。但随着企业的发展，各种矛盾、各种难题不断出现，在处理这些问题时，团队成员自然有不同的观点。如果成员之间不能很好地沟通并形成统一的意见，那么事后难免相互埋怨。相互间的矛盾会随着时间的增长越来越多，最后可能导致团队的分裂。而优秀的团队并不回避不同的意见，而是进行充分的沟通和交流，最后形成一致意见。因为大家是基于共同的利益，不是谋取个人利益，所以能够畅所欲言，坦诚相见。

"唐僧团队"的启示

古典名著《西游记》故事中，唐僧等人历经九九八十一难，最终从西天取回真经，功德圆满。细细品味这部小说不难发现，"唐僧团队"人员的合理配置，是他们取得成功的一个重要因素。

唐僧作为取经团队的核心，在这个集体中，他目标明确、信仰坚定、心诚志坚。虽然其领导能力有限，业务能力（降妖擒魔）更是等于零，但他一心向佛，目标最坚定，且关心部属、以德服人。比如，虽然明知取经路上千难万险，但从一开始，他就为团队设定了不取到真经绝不罢休的目标，而且历经磨难，理想信念从未动摇。唐僧有紧箍咒，但从来不滥用职权，只有在大是大非的时候才施以惩罚。他的宽容、善良感化了部属，从而一心一意地保护他取经。

团队中要有专业骨干并让其挑大梁。孙悟空虽然组织纪律性差、争强好斗，有时还撂挑子，擅自离队，但他确实素质过硬，有很强的敏锐性、鉴别力和洞察力，能腾云驾雾、能降妖除魔，是一个名副其实的"挑大梁"型的专业人才。孙悟空还有极其丰富的社会资源，与各路"神仙"都较熟悉，有了困难知道如何求助。他爱憎分明、一身正气，只要有他，团队就有了中流砥柱。

对于人才配置而言，强弱搭配有时比强强联合更重要。猪八戒的功夫远不及孙悟空，但他性格平和开朗、为人大度，是班子中的润滑剂，也是一个比较好的辅助型人才。他多次在关键时刻协助孙悟空战胜妖魔并立下功劳，是一个不可缺少的团队成员。

沙和尚的本领不能与悟空、八戒相提并论，但忠厚和善，富有吃苦实干精神，热衷于做好勤杂工作，能将组织决定贯彻落实到实际工作中。尤其是在数次队伍面临散伙的关键时刻，他都从中做和解工作，在队伍中发挥着重要作用。

　　《西游记》中，唐僧发挥了凝聚和完善的作用，孙悟空发挥了创新和执行的作用，沙和尚发挥了协调与实干的作用，猪八戒发挥了信息与监督的作用。从"唐僧团队"中不难感受到，团队的结构优化十分重要。以唐僧为首的这个取经团队，虽然全部成员的性格和能力没有一个是完美无缺的，但是四个人取长补短，组合起来就相对完美。没有唐僧的心诚志坚，取经班子就没有目标、没有凝聚力；没有孙悟空的超群本领，就克服不了艰难险阻、战胜不了妖魔鬼怪；没有八戒、沙僧为悟空当助手，并热心做好勤务工作，这支队伍也就难以越过千山万水。

　　正是共同的团队目标、优秀的成员、成员之间的相互信任、成员之间各尽其能、互相激励这些因素的结合，最终完成了取经大计。

（资料来源：MBA 智库文档。）

三、创业团队成员的选择和组织设计

在团队初始组成时，其成员必须要注意的问题有以下这些。

（一）团队成员加入的目的

根据马斯洛的需求层次理论，人的需求大体上可以分为五个层次，由低到高依次为生理需求、安全需求、社交需求、尊重需求、自我实现需求。团队成员基于哪个层次的需求而加入团队，对其在组织中的行为方式起着决定性作用。

（二）团队成员的知识结构

在一个创业团队中，成员的知识结构越合理，创业的成功性越大。纯粹的技术人员组成的公司容易形成技术为王、产品为导向的情况，从而使产品的研发与市场脱节；全部是市场和销售人员组成的创业团队缺乏对技术的领悟力和敏感性，也容易迷失方向。因此，在创业团队的成员选择上，必须充分注意人员的知识结构，技术、管理、市场、销售等人才都要均衡。

（三）团队成员的性格、个性、兴趣

大多数网状创业团队在形成时，都没有注意成员的个性特征。在创业初期，大家同甘共苦，怀着满腔的创业热情工作。在这种情况下，团队成员在性格上的差异和处理问题的不同态度就容易被掩盖。而一旦企业发展到某个阶段的时候，由于个性冲突导致的矛盾就会激化，使创业团队出现裂痕，严重的还会导致团队分裂。

创业初期，创业团队的成员大都是朋友，但是经过一段时间的磨合之后，创业团队都要经过一个痛苦的"洗牌"过程，或许有的人不能认同理念，或许有的人有其他的打算，或许有的人不称职。事实上，即使是最富经验的职业经理人，他们最怕的事也是解雇员工。对于创业企业，在创业初期，人员变更是很大的问题。但是即使很难也要换，要有果断换人和"洗牌"的勇气，要坚持一种理念：公司不是私人的，是大家的，不能顾及私情，要出于公心换人。这个道理不一定行得通，但是能否坚持这种理念，决定了能否正确贯彻换人的决策。

（四）团队成员的价值观念

在一个创业团队中，成员的价值观和道德品质决定了今后企业文化的形成。甚至可以说，企业文化的最初源头就是企业创始人自身价值观和道德品质的体现。一个人的价值观很难改变，因此在创业团队形成之前，必须要有深入的交流和充分的了解。价值观相近、个人素质较高的人在一起组成的团队，创业的成功性更大。

在团队成员决定以后，企业的组织结构就可以基本确定了。组织结构的设计，归根结底是组织中个体层次需要与组织目标相协调的问题、个体价值发挥与群体绩效达成的问题。为了避免创业团队在今后的组织行为中因为利益分配、企业决策等方面产生分歧，在创业团队形成之初，必须通过公司章程或者协议的方式，确定公司的发展目标、业务领域、出资及退股原则、利润分配方法、分歧解决原则，等等。

案例解析

俞敏洪和他的新东方团队

俞敏洪，1962 年 10 月出生于江苏江阴，1980 年考入北京大学西语系，毕业后留校担任北京大学外语系教师，1991 年 9 月，俞敏洪从北京大学辞职，开始自己的创业生涯。

一、聚集人才

在新东方创办之前，北京已经有三四所同类学校了，参加新东方培训的学员多以出国留学为目的。新东方能做到的，其他学校也能做到。就当时的大环境而言，出国热以及人们在工作、学习、晋升等方面对英语的多样化要求，使得国内逐渐掀起了学习英语的热潮，越来越多的优秀教师加入英语培训这个行业，如何先人一步，体现自己的竞争优势，把新东方做大做强？这些问题使俞敏洪认识到英语培训行业必须要具备一流的师资。

培训学校普遍做不大是有原因的，由于对个别讲师的过分倚重，每个讲师都可以开一个公司，但是每个公司都做得不大。所以，俞敏洪需要找到更多的合作伙伴，帮他控制住英语培训中各个环节的质量。而这样的人，不仅要有过硬的专业知识和能力，更要和俞敏洪本人有共同的办学理念。他首先想到的是远在美国的王强、加拿大的徐小平等人，实际上这也是俞敏洪思考了很久所做的决定——这些人不仅符合业务扩展的要求，更重要的是，这些人作为自己在北大的同学、好友，在思维上有着一定的共性，肯定比其他人能更好地理解并认同自己的办学理念，合作也会更坚固和长久。

  这时他遇到了一个和他有着共同梦想的惺惺相惜的朋友——杜子华，杜子华像一个漂泊的游侠，研究生毕业后游历了美国、法国和加拿大，凭着对外语的透彻领悟和灵活运用，在国外结交了许多朋友，也得到了不少让人羡慕的机会。但是他在国外待的时间越久，接触的人越多，就越是感觉到民族素质提高的重要性和迫切性。要提高一个人、一个民族的素质唯有投资教育。

  1994年，在北京做培训的杜子华接到了俞敏洪的电话，几天后，两个同样钟爱教育并有着共同梦想的"教育家"会面了，谈话中，俞敏洪讲述了新东方的创业和发展、未来的构想、自己的理想、对人才的渴望……这次会面改变了杜子华单打独斗实现教育梦想的生活，杜子华决定在新东方实现自己的追求和梦想。

  1995年，俞敏洪来到加拿大温哥华，找到曾在北大共事的朋友徐小平。这时的徐小平已经来到温哥华10年之久，生活稳定而富足。俞敏洪不经意地讲述自己创办新东方的经历，文雅而富有激情的徐小平突然激动起来："敏洪，你真是创造了一个奇迹啊！就冲你那1 000人的大课堂，我也要回国做点事！"

  随后，俞敏洪又来到美国，找到当时已经进入贝尔实验室工作的同学王强。1990年，王强凭借自己的教育背景，3年就拿下了计算机硕士学位，并成功进入著名的贝尔实验室，可以说是留学生中成功的典型。白天王强陪着俞敏洪参观普林斯顿大学，让他震惊的是，只要碰上一个黑头发的中国留学生，竟都会向俞敏洪叫一声"俞老师"，这里可是世界著名的大学啊。王强后来谈到这件事时，说自己当时很震惊，受到了很大的刺激，俞敏洪说，你不妨回来吧，回国做点自己想做的事情。

  就这样，徐小平和王强都站在了新东方的讲台上。1997年，俞敏洪的另一个同学包凡一也从加拿大赶回来加入了新东方，新东方就像一个磁场，凝聚起一个个年轻的梦想，这群在不同土地上为了求学，洗过盘子、贴过广告、做过推销、当过保姆的年轻人，终于找到一个突破口，年轻人身上积蓄的需要爆发的能量在新东方得到了充分的释放。

就这样，1994—2000 年，杜子华、徐小平、王强、胡敏、包凡一、何庆权、钱永强、江博、周成刚等人陆续被俞敏洪网罗到新东方的门下。

二、构建团队

作为教育行业，师资构成了新东方的核心竞争力，但是如何让这支高精尖的队伍，最大限度地发挥作用，俞敏洪从学员需求出发，秉持着一种"比别人多做一点，比别人做得好一点"的朴素的创新思维，合理架构自己的团队，寻找和抓住英语培训市场上别人不能提供或者忽略的服务，使新东方的业务体系得以不断完善。比如，当时新东方就开辟了一块由一个加拿大人主持的出国咨询业务，学员可以就近咨询，获得包括一些基本申请步骤、各个国家对待留学生的区别、各个大学颁发奖学金的流程和决策有何不同、读硕士生和读博士生的区别在什么地方等必要知识。

1995 年，俞敏洪逐渐意识到，学生们对于英语培训的需求已经不只限于出国考试。比如，1995 年加入新东方的胡敏就应这种需求，开发出了雅思英语考试培训，大受欢迎，胡敏本人也因此被称为"胡雅思"。

徐小平、王强、包凡一、钱永强等人分别在出国咨询、基础英语、出版、网络等领域各尽所能，为新东方搭起了一条顺畅的产品链。徐小平开设的"美国签证哲学"课，把出国留学过程中一个大家关心的重要程序问题，上升到一种人生哲学的高度，让学员在会心大笑中思路大开；王强开创的"美语思维"训练法，突破了一对一的口语训练模式；杜子华的"电影视听培训法"已经成为国内外语教学培训极有影响力的教学方法，新东方的老师很多都根据自己教学中的经验和心得著书立说，并形成了自身独有的特色，让新东方成为了一个有思想、有创造力的地方。

　　俞敏洪的成功之处是为新东方组建了一支年轻而又充满激情和智慧的团队，俞敏洪的温厚，王强的爽直，徐小平的激情，杜子华的洒脱，包凡一的稳重，五个人的鲜明个性让新东方总是处在一种不甘平庸的氛围当中。

（资料来源：创业团队案例，百度文库。）

第二节   确定经营项目

对于创业者来说，发现某市场有盈利的空间会点燃创业的激情。但若要将此落到实处，使之成为创业经营项目，那创业者必须撰写创业项目可行性报告，从政策、市场、产品、售后、原料的来源与进货、物流、面临的风险等各个方面进行全面的考察。所以，创业项目不是纸上谈兵，不是简单的一个赚钱的点子。尤其是对于初次创业的大学生来说，找到适合自己的经营项目进行创业，将大大提高创业的成功率。

什么是创业项目？创业项目有特定的资助方（资金来源）和受益对象（创业者）、有明确的目标（开办企业当然要盈利）、有人力、物力和财力资源的约束性（创业者依据自身条件量力而行）、有不确定性（是否能达到预期目标）。另外，项目还有三个要素：时间，每一个项目都有开始和结束；预算，需要为项目制定预算、监控项目的开支，同时进行预算的调整；质量，每一个项目都有与之对应的"产品"，并且对产品有一定的质量要求。

一、创业项目的主要类型

创业者在创业之前必须要先选择好项目，才能进行下一步创业的开始之路。创业的项目有很多，如何正确地选择创业项目，是每个创业者都要思考的问题。不同的项目面对不同的市场客户群体，需要不同的创业资源和不同的技能与经验。因此，创业项目的分类对于大学生创业具有更为现实的参考意义。

（一）资源类项目

此类项目要求创业者拥有大多数人不具备的资源，这些资源可以是自然资源，如石油、公用事业专营等；也可以是人事关系资源。一般来说，作为自主创业的项目，拥有垄断性自然资源的可能性非常小，拥有人事关系资源的可能性比较大，但必须注意这种资源的非持久性，以及变更可能带来的巨大风险。

例如进出口领域，就需要极强的人事关系。加入世贸组织以后，经济全球化特征日趋明显，我国和世界经济的依存度越来越高，我国的进出口贸易额逐年增加。2018 年，我国年度进出口总值再创新高。据海关统计，2018 年全年，我国外贸进出口总值达 30.51 万亿元人民币，比 2017 年增长 9.7%。其中，出口为 16.42 万亿元，增长 7.1%；进口为 14.09 万亿元，增长 12.9%。贸易顺差达 2.33 万亿元，收窄了 18.3%。民营经济不仅在外贸中扮演重要角色，而且随着我国经济的快速发展和国际地位的提高，这个领域也将会创造更多的项目和发展机会。

（二）制造类项目

适合创业的制造类项目大致可以分为两类。

1. 配套制造

此类制造属于某个整机（整体）制造项目的一部分，无须考虑全局，也无须有很好的创新技术，只需把负责加工的零（部）件做到性价比最好。由于环节简单，此类项目不需要复杂的管理流程。从事此类生产经营活动的企业较常见于江浙一带，这些省份量大面广的中小企业一直是配套制造业的最活跃的力量。中国制造业在多年高速发展下积累的产业配套、劳动力性价比，以及相对稳定的政策环境等优势，让这些企业难以割舍。

从我国的经济发展态势看，一方面，今后国有资本将集中投向基础性领域、支柱性产业和尖端科技；另一方面，外国大型企业在中国的投资正逐步增加。就总体而言，大企业和中小企业相辅相成。因此，像家电、机械、食品等行业的发展，都会带动一大批进行配套生产的中小企业发展起来。即使是国外进入中国的大企业，也离不开当地中小企业的配套生产。

需要注意的是，制造类项目由于需要专业生产工具，产出品也以硬件为主，因此，一旦进入，今后受整个产业环境的影响较大，受产业技术进步的影响也较大，业务调整的灵活度较小。所以，此类制造需要一个良好的外部整体产业环境，其总体偏弱的抗风险能力在严峻的经济形势下很容易受到冲击。

2. 技术制造

此类制造属于拥有自主创新的技术，或者拥有某种技术优势，能够制造出大多数人无法制造的产品或服务。目前，国家已经实施 70 个高技术产业化专项，带动社会投资超过 4 400 亿元，一批系统性强、战略意义突出的新兴领域加快发展，一批配套完善、优势突出的新兴产业集群正在崛起，逐渐成为产业发展新的增长点。这些行业包括：创新药物和疫苗、基因工程、诊断试剂、生物育种等产业；信息技术服务、研发设计、数字内容、检验检测、知识产权等高技术服务行业。北京由于科技优势明显，此类技术制造企业较为多见，尤其是中关村地区的信息技术企业。另外，对于传统制造业来说，批量生产未必意味着能提供大量的就业岗位，如今的制造业都有信息技术的支持。

（三）技术创新类项目

技术创新项目涉及范围相当广泛，下面介绍两大类。

1. 技术开发类项目

技术开发项目是指企业对有市场需求的新产品、新技术、新工艺进行研究、开发和应用的项目。该类项目突出关键技术或者系统集成的创新性，包括技术创新的产品、技术、工艺、材料、设计和生物品种。此类项目，对行业技术进步和产业结构有优化升级的作用。以"数字化医疗工程技术开发"项目为例，该项目以全面集成各类医疗信息、整合医疗服务为目标，通过开展医疗信息集成引擎、临床诊疗知识整合技术、个人健康信息采集系统、专科医疗信息系统、大型先进电子病历系统、区域医疗信息共享与服务协同等一系列研究，开发一批覆盖个人、家庭、社区、医院、区域等不同范围的数字化医疗技术与系统，建成一批达到国际先进水平的数字化医院示范工程，发展新型的区域医疗服务协同模式，形成较为完整的数字化医疗技术体系，提升了我国医疗信息化整体水平。目前，大量企业采用"产业基地＋技术创新"的模式，进一步进行技术开发，加大产业规模，以降低成本、提高利润。

另外，国家及各个省针对技术开发类项目有对应的技术政策和产业政策。经认定的企业技术开发项目的技术开发费用，按国家规定可享受所得税抵扣政策。当年实际发生的技术开发费用在按规定实行100%抵扣企业当年应纳税所得额基础上，允许再按当年实际发生额的50%在企业所得税税前加以扣除。企业年度实际发生的技术开发费用当年不足抵扣的部分，可在以后年度企业所得税应纳税所得额中结转抵扣，抵扣的期限最长不得超过五年。

2. 工程类项目

该类项目主要突出团结协作、联合攻关，关键技术或者系统集成的创新，包括有良好的经济效益或者社会效益，以及对推动本领域科技发展、对经济建设、社会发展和国家安全有战略意义的项目。具体来说，此类项目是指列入国民经济和社会发展计划的重大综合性基本建设工程、科学技术工程和国防工程等。其中，综合性是指需要跨学科、跨专业进行协作研究、联合开发，并对经济建设、社会发展具有战略意义，对国家科技实力、国防实力的整体提高产生重要影响。

比如，陈光标的江苏黄埔再生资源利用有限公司，致力于发展循环经济、绿色经济、可再生资源回收、加工和再利用。对于拆除后的建筑垃圾，该公司突破了传统拆迁公司将钢筋剥离后将建筑废渣外运到郊区填埋，大量占用可耕地、严重污染环境等弊端，在全国建筑拆除行业中率先对建筑垃圾进行环保再生处理。公司采用国际最先进的履带式移动破碎筛分机组，对拆除下来的废旧混凝土现场破碎，加工成商品混凝土骨料、建筑砌块集料、道路填铺料、三合土集料等不同用途的再生集料，使加工后的建筑垃圾成为商品并可直接应用，大大提高了废旧混凝土的利用效率，有效实现了拆除工程的环保化、无污染、零排放。在城市生活垃圾处理方面，该公司采用了国外先进微生物处理技术，使大部分垃圾在降解器内进行动态发酵，使其最终成为符合国家标准的粉状初级有机肥；对拆除的活动板房板材中的夹芯成分 PS，即聚苯乙烯的处理，同样采用国外先进技术，通过特殊工艺对其进行密化处理最终形成化工原料——聚苯乙烯颗粒。该公司借鉴国外同行业先进经验，利用技术优势和国际先进设备，提高资源利用效率，发展循环经济，变废为宝，初步形成以资源节约型、清洁生产型、生态环保型为特征的发展格局，实现了良好的经济效益和社会效益，公司实现了又好又快发展。

在项目选择的过程中，除一般的服务行业外，选择项目最好接近或考虑到行业与技术及其服务的发展趋势。

拓展阅读

创业项目的分类

从观念上来看，创业项目分为传统创业、新兴创业；从方法上来看，创业项目分为实业创业和网络创业，比如可以开家淘宝店；从投资上来看，创业项目分为无本创业、小本创业，以及微创业；从方式上来看，创业项目分为自主创业、加盟创业、体验式培训创业和创业方案指导创业。

目前来说，自主创业需要资金链、人员、场地、产品等多项内容的系统化规划，创业起步较高，风险较大。加盟方式比较普遍，而且比较正统、专业、规模化。但同时创业者也需要从资金和经验问题出发，客观地考虑选择加盟项目。

（资料来源：创业概念，百度文库。）

二、影响创业项目选择的因素

"隔行如隔山"，对于大学生创业更是如此。在创业过程中，是否选择了合适的创业领域，是大学生创业能否成功至关重要的条件之一。对于一个准备创业的大学生来说，创业领域的选择非常重要，可能直接关系到创业的成败。

（一）行业的发展前景

发展前景好的行业，将会使自己有生存空间和发展空间，不会一下子就让创业者处于激烈的同行竞争中。我国产业利润正悄悄转移，而在商海的浮浮沉沉中，各行业境遇早已"三十年河东三十年河西"。那么哪边是河东？哪边又是河西呢？

对大多数创业者来说，进入一个热门行业或者潜在的热门行业会是一个不错的选择，那么何谓热门行业？

"热门行业"是一个相对模糊的概念，而且具有明显的地域和时代特征，不可一概而论，但总体而言，"热门行业"一般具有以下特征。

（1）新兴的朝阳产业，发展迅速，机会较多；

（2）顺应市场经济发展趋势，具有巨大的市场需求或潜在市场需求；

（3）竞争激烈，人才需求量大；

（4）收入水平较高，工作环境较好；

（5）具有良好的发展前景。

（二）进入行业的时机

行业成熟度决定创业时机。对于创业者来说，选择创业时机在一定程度上也就意味着选择创业所从事的行业。就拿电信增值业务来说，丁磊、张朝阳、陈天桥等现在名利双收，就在于他们创业开始的几年前已经看准了这个行业。

专家建议，创业者应从行业成熟度的角度来看创业时机。一般来说，行业发展的初期阶段，市场竞争没有那么激烈，进入的企业也不多，中小创业者有更多的发挥空间。到了行业成熟期，激烈的竞争和市场的规范必然意味着利润率的降低。因此，选择进入有较好的发展前景或市场前景的行业，对于创业者来说至关重要。

（三）创业者自身条件

许多人都曾一度闪过创业的念头，但实际付诸行动的却不是很多，原因是创业要面对的不确定因素实在太多。在没有充分准备的情况下贸然创业而导致失败，其实也是一件相当不值得的事情。甚至对于因帮助你创业而加入团队的成员，以及他们的家属，还需要付出道义上的责任。事先进行充分准备与谨慎的创业评估，是创业者在创业初期应该尽到的职责。创业不应该只是被视为一种英雄的浪漫冒险，而应该是极其严肃的责任与承诺。因此，所有创业者在投入创业行为之前，都必须要深刻地自问，我是否已经准备好了？

许多创业失败的案例，都是因为创业者事前仓促起军，与未能在创业前做好充分的准备有关。虽然也有学者主张，创业者可以在创业失败的过程中学习，但是如果失败是因为自己事前没有做好必要的准备，这种失败将会令人感到非常遗憾。

🔍📰 **拓展阅读**

大学生创业项目的主要来源

我国当前政策形势和经济形势的日趋良好，为大学生创业提供了广阔的空间，但根据大学生创业的特点，适合大学生的创业项目有以下来源。

1. 高新科技领域

高新科技产品代表未来，也非常适合中小企业经营，特别是在技术成熟之前及技术刚成熟时，不可能大规模地生产，即使是在研制、开发阶段，中小企业也是大有可为的。此外，互联网、电子商务、软件开发等信息产业起步投资少，对场地要求不高，设备相对简单，一两个素质比较高的科技人员带几个帮手就可以开业。

2. 现代农业领域

国家要调整农业产业结构和提高农民收入，很重要的一条是组建"公司＋

农户＋市场"的种植（养殖）、加工、销售一条龙，即发展以农副产品加工业为龙头、以农民家庭为农副产品原材料生产基地，以海内外为目标市场的产销形式。在农产品的初加工和深加工，以及综合利用方面是大有可为的。

3. 日用小商品产销

义乌小商品市场闻名国内外，生意兴隆，就是因为日用小商品和人们的生活息息相关，可以说是永不没落的朝阳产业，而且这一领域多为劳动密集型产品，非常适合于小企业生产。在这一领域中，除了人们基本生活需要的吃、穿、用、住、行外，还有文、教、体和娱乐产品等。日用小商品产销投资小，经营灵活，特别适合于大学生创业。

4. 连锁加盟领域

统计数据显示，在相同的经营领域，个人创业的成功率低于20%，而加盟创业的则高达80%。对创业资源十分有限的大学生来说，借助连锁加盟的品牌、技术、营销、设备优势，可以较少的投资、较低的门槛实现自主创业。但连锁加盟并非"零风险"，在市场鱼龙混杂的现状下，大学生涉世不深，在选择加盟项目时更应注意规避风险。一般来说，大学生创业者资金实力较弱，适合选择启动资金不多、人手配备要求不高的加盟项目，从小本经营开始为宜，比如快餐业、家政服务、校园小型超市、数码速印站等。此外，最好选择运营时间在5年以上、拥有10家以上加盟店的成熟品牌。

（资料来源：豆丁网。）

三、选择创业项目的基本原则

如果一个人确实具备创业者素质并有创业意愿，那么他在创业准备期，不应该急于考察和选择具体项目，也不必考虑资金筹集、人员组织等常规性经营问题，而是要认真思考并接受一些重要的理念和行为准则，这些理念和行为准则可以帮助创业者在选择项目时不犯或少犯错误，最大程度上减少投资风险。

（一）知己知彼原则

从某种意义上讲，创业活动不啻是一场惊心动魄的战斗，创业者本人不但是这场战斗的战斗员，也是指挥员。为取得战斗的胜利，必须做到知己知彼。

所谓"知己"，就是创业者在选择项目之前，应该首先对自己的状况有一个清楚的认识和判断。例如，自己可以筹措到多少创业资金，有哪些从业经验和技能专长，自己的兴趣和爱好是什么，社会关系状况如何，自己在性格上有哪些优势和弱点，家庭成员是否支持，等等。从创业者本人的角度看，"知己"越深入、越详尽，就越容易扬长避短，找到适合自己创业的项目，越能提高创业成功率。

所谓"知彼"，就是要了解创业所在地的社会经济环境。要认真分析当地的发展政策，包括产业结构政策、金融政策、税收政策、就业政策等；要认真了解和分析当地的消费环境，例如居民的购买力水平、购买力投向、购买习惯等；要认真了解和分析当地的自然和人文资源，包括具有市场开发价值的工业原料和农林渔牧产品、传统的生产加工技术、独特的自然和人文景观等；要认真了解和分析当地市场的竞争强度，包括拟选择项目所在行业的竞争者数量、规模、实力水平等。深入考察创业环境能够帮助创业者开阔视野，敏锐地捕捉到市场机会，增强项目选择的合理性。

（二）自有资源优先原则

创业者在审视了创业环境之后，应该从中甄选出重点利用和开发的资源。甄选应贯彻自有资源优先原则。所谓自有资源，就是创业者本人拥有的或自己可以直接控制的资源，包括专有技术、行业从业经验、经营管理能力、个人社会关系、私有物质资产等。相对于其他非自有资源，自有资源的取得和使用成本往往较低；同时这些资源在利用过程中也容易使项目获得标新立异的优势，在今后的市场竞争中占据主动地位。

另外，个人兴趣与特长也是创业者宝贵的自有资源。一个人只有选择了他喜欢做又有能力做的事情，他才会自觉地、全身心地投入到工作中去，并忘我地工作，才有可能在遇到困难和挫折时百折不挠、勇往直前，千方百计克服困难，实现创业目标。所以，选择自己感兴趣、有特长的项目是创业成功的基础。

还有，就是创业者对拟选行业的熟悉程度。一般来说，创业者应在自己熟悉的行业里选择创业项目，这样才能提高创业成功的把握度。大量的经验证明，许多工作需要的是熟悉，譬如开饭店、开茶馆、经营服装鞋帽、开办文化娱乐业，等等，要深入地了解、熟悉，动动脑筋就可以总结出行业的规律，就可以找到生财的窍门，再加上勤奋和信心，就能够取得创业的成功。

（三）量入为出原则

在创业行动开始之前，不少创业者对未来满怀激情，雄心勃勃要干一番大事业，以至于创业时必须考虑的财务问题往往被忽略掉，导致最终发展前景很好的项目因资金周转困难而中途夭折，所以量入为出是创业者必须切实遵循的一个原则。

首先，创业者要考虑启动创业项目需要的资金量是否可以承受。在当今国内银行信用和商业信用不很发达的情况下，有些项目即便市场前景非常看好，但庞大的启动资金投入也足以让创业者望而却步。

其次，后续资金投入规模也必须考虑。后续资金投入不足很可能造成创业者中途退出，成为他人创业路上的"铺路石"。

最后，要考虑项目资金投入中固定部分和流动部分的合理比例，不能顾此失彼。

（四）短平快原则

出于先天条件不足，创业者在创业之初普遍缺乏资金和客户等资源，因此，为尽快脱离创业的"初始危险期"，使项目的运作进入良性循环，在同等条件下，应优先考虑那些"短平快"项目。这样操作，一方面可以迅速收回投资，降低投资风险；另一方面，即便项目后期成长性不好，创业者也可以选择维持经营或后期主动退出，利用掘到的"第一桶金"另寻出路。在现实社会中，不少创业成功的企业家目前经营的产业与当初创业时的选择大相径庭就充分说明了这一点。

如果创业者苦心创办和经营的创业项目最终失败，不但给创业者的个人财富造成巨大损失，而且也会浪费一定的社会资源。究其创业失败的原因，除了创业过程本身客观具有的一定风险以外，创业者选择创业项目的方法失当也是一个重要原因。如果创业者在选择创业项目时采取行之有效的原则，识别和把握市场机会，做到有的放矢，不仅能够在很大程度上降低创业风险，而且可以有效提高创业成功率。

◇知◇识◇分◇享◇

好的创业项目等于成功的一半

如何慧眼识珠、以对市场的敏锐嗅觉找到适合的优秀项目，对创业者尤为重要。下面介绍几条思路。

1. 细分市场发现商机

网络上及生活当中已经有很多非常优秀的产品和服务，这些产品和服务当中不乏优秀之作，但我们仍可以仔细评估，看其是否适合市场需求，又适合哪里的市场需求，需求有多大。进一步细分市场，往往能让你发现新的商机。

2. 创造性地复制成功项目，并超越之

百度复制 Google，并依据中国市场的特性做适当的改善，提供更加优秀的服务，如 Mp3 和贴吧等，结果百度成功了；QQ 复制 ICQ，并依据中国网民的特性做适当的改善，提供更加优秀的服务，如个人资料保留在服务器和查询功能等，结果 QQ 成功了；Dell 复制 IBM 和 HP 的产品，并依据美国市场的特性和产品的特点，提供对用户来说更加方便的"上门服务"，结果 Dell 成功了。

上面三个案例浅显易懂。成功者自有成功的奥秘和窍门，我们如果能借鉴成功者的经验，并加以改进、优化设计，就能进一步满足市场和客户的需求，获得市场成功。

3. 在别人的不足中发现商机

淘金矿工们经常抱怨裤兜兜不住他们装在里面的黄金颗粒，于是戴维斯发明了牢固耐磨的帆布裤子——牛仔裤；20世纪60年代，美国经济迅猛发展，信息公司迅速成长，带来货物交流频繁，但是市场缺乏将这些货物迅速送达地点的好方式，于是弗雷德·史密斯的"联邦快递公司"顺应时代的需求而诞生……

生活中这样的案例很多，当别人在抱怨产品或服务不足的时候，我们是否想到了更好的解决方法，或更进一步地考虑，我们的方法是否有市场前景。千万不要以为这个很难。哈斯博士因为疼爱自己的妻子，为了减轻妻子经期的痛苦和不方便而发明了卫生巾，小小的产品却蕴含着巨大的商机。

4. "入伙"好的创业团队

当年，斯坦福大学的几个学生有好的创业项目，却没有资金投入，他们的教授便出资资助他们创业，于是诞生了著名的Google。这些教授的投资不仅成就了一家伟大的企业，同时也为他们带来了巨大的财富，平均1万美元获得了超过10亿美元的回报。

"21世纪是打组织的时代"（李教），或许我们没有好的创业项目或商业点子，但却有满腔创业热情，那么不妨找到有优秀创业项目的人或者产品，争取与其合作或入股，在团队中贡献自己的力量，一起走向成功。

（资料来源：大学生自主创业：好的创业项目等于成功的一半，百度文库。）

四、选择创业项目的基本方法

创业不易。对于一个真正的创业者来说，创业过程中不但充满了激情、艰辛、挫折、忧虑、痛苦和徘徊，而且还需要付出坚持不懈的努力，当然，渐进的成功也将带来无穷的欢乐与分享不尽的幸福。而创业项目选择更是创业能否成功的决定性因素。

在上述基本原则的指导下，需要创业者开动脑筋、睁大眼睛细致地搜索创业项目。当然这种搜索不是盲目的，而是要讲究方法和技巧。在这里，简单介绍一些选择创业项目的基本方法。

（一）关注政策变化

有变化就有机会。环境的变化往往可以带来商机。当前，在众多的环境要素中，各地发展政策的优化是比较频繁的。这就要求创业者在日常生活中积极收集这些方面的信息，很可能在某个时间就会出现适合自己的机会。现在，相当一部分成功的民营企业家，就是在我国改革开放初期，借助国家政策的变化，找到了创业机会，顺利起步。随着近几年改革开放政策的不断深化，涌现出的商机将会越来越多。举一个简单的例子：河南省叶县的农民根据国家粮食收购政策的变化，即允许个体进入粮食流通领域，当起了粮食经纪人，既方便了农民卖粮，自己又获得了不菲的收益。据了解，现在全国各地有相当一批人把这项业务作为长期事业来做。

（二）搜索市场空白

搜索市场空白可能是最简单、最直接的选择创业项目的方法了。有空白就存在着巨大的消费需求，但问题是创业者本人看到的市场空白别人往往也能看到，即便你先看到，以后也容易被后来者模仿甚至超越。因此，使用这种方法适合于寻找那些"短平快"项目。等到别人回过神来，你已经赚得盆满钵满。

案例解析

途 牛 玩 法

两位"80后"创始人——于敦德和严海峰，借助互联网的力量，用8年时间重新建构了最分散、最难以标准化的旅行社生意，把传统旅行社的产品搬到网上销售，并最终将1 400多人的途牛公司带到纳斯达克。他们是中国O2O领域的先驱之一，他们到底怎样利用互联网思维和方式颠覆了传统旅游行业？其间又遭遇了哪些挑战和困惑？

途牛成立于2006年10月。当时机票、酒店的预订已经在携程、艺龙的带动下完成从线下到线上的转移。消费者还是以商务出行为主，个人游还很少，因为价格比较高，很多人难以承担。但于敦德判断，随着中国的消费升级，个人休闲旅游是趋势，且有足够的发展空间。于敦德认定，与互联网合纵连横，可以发挥更大潜力。于是，便做起休闲旅游方向的景点介绍和旅游攻略社区，半年后，途牛转型到现金流较好的旅游产品预订平台。对此，严海峰认为："我们选择了非常好的进入时间，就是将旅行社的线路产品直接搬到网上销售。提供展示平台，让消费者了解到产品的性价比，从网上签订合同，途牛从中抽取佣金。所有的服务由旅行社承担，途牛概不负责，途牛只充当旅行社的网上流量入口。"

凭借不错的互联网技术手段，刚转型不到一年的途牛网，已经能为合作旅行社带来1 000万元左右的预订额。但随着预订量的增加，平台模式开始暴露出一系列问题。让途牛的客户体验非常糟糕。此时的于敦德深刻领悟到：用户体验差，再好的互联网技术也等于零。这段时间，途牛遭遇了有史以来最严重的资金短缺。总监级别的员工只能拿到基本生活费，更没有差旅费可言。屋漏偏逢连夜雨。寻找融资时正逢金融危机，旅游市场又不景气。很多投资人都不愿意花钱。"当时还是很怕的。"严海峰回忆。所以，他们深刻理解创业者将一分钱掰成两半花有多么必要。"我们的生活一直很拮据，现在连房子都还是租的。"

途牛最早期连呼叫中心都没有，客户服务部门的桌位上摆10个电话，两边各安排5个人接听电话。后来，他们才找了个开源系统，花几万块钱搞了一套简陋的呼叫中心。再后来，他们还尝试用IP网关的落地节省电话费。尽管最早的"互联网＋呼叫中心"模式做得不尽如人意，但预订模式和已经上市的携程、艺龙一致。幸运的是，尽管在2008年下半年金融危机尚未结束，但途牛却迎来了戈壁投资的蒋涛，并成功获得数百万美金的 A 轮融资。拿到融资后，他们终于有资金升级简陋的呼叫中心，随之而来的是订单转化率明显提升。

他们感觉不能再当甩手掌柜完全靠旅行社提供服务，必须自己服务客户。于是，他们将原来的平台模式改成自营模式，尝试"互联网＋呼叫中心＋落地"的业务模式。即途牛网不再单纯当搬运工和旅行社的流量入口，而是采购旅行社产品，卖给消费者，消费者跟途牛签合同，在游前、游中、游后的整个过程均由途牛提供服务。同时，设置线下服务中心，采取 7×24 小时客户服务。"途牛网慢慢成为一家真正的在线旅行社，有自己的品牌，消费者找途牛直接签单，途牛给予消费者产品和服务质量的保证。这时，他们的业务开始出现突破。"蒋涛回忆说。

2009 年，业务落地之后，他们拿到 DCM 等近千万美金的投资。有着充足的资金作为支撑，途牛网的发展速度明显加快，当年的年销售额实现 300% 的增长速度。于敦德慢慢体会到：其实流量入口不是最终的王道，最终的王道是在用户大脑中形成的品牌和服务认知度，这是比流量入口更重要的东西。

于敦德他们从 2011 年开始学习和借鉴制造业、零售业、服务业等其他相对成熟行业的经验，用以改造传统的旅游业。这种跨界整合的方法确实不错。比如，途牛吸纳零售业的采购人员、制造业的质量工程师团队入伍，和供应商一起开会，帮旅行社解决内部的供应链问题，对订单管理流程和产品质量加以控制。

"我们原本觉得自己是一家互联网公司，后来做着做着，发现我们和零售品牌、制造业、服务业都有相似之处。"2011 年，还没搬到苏宁总部旁边的途牛大厦之前，于敦德在途牛讨论商业模式、战略方向时，越来越发现途牛和苏宁有很多共通之处：都属于零售品牌，都需要打通供应链，在把控供应链质量在服务流程体系搭建的过程中，于敦德跨界学习了制造业的流程和方式。在服务质量控制方面，他们也有其他行业的天然经验可循。第一，借鉴服务业的管理经验，在付款环节加以控制。第二，途牛有一套用户点评体系和信誉体系，如果好评率低于75%的产品，将被迫下架。

尽管有跨界经验可循，但毕竟休闲旅游行业极具独特性。行业标准化低、自动化程度低，这成为整个行业面临的最大挑战。小型旅行社没有IT系统，只能通过一次次打电话询问产品信息，或者用传真、QQ、电话等工具沟通，效率极低。消费者旅游前需要前往不同的旅行社对比产品和价格、讨价还价，打电话咨询旅行社又爱理不理，因为他们擅长的不是电话沟通，而是把客户拉到现场进行营销。多少年来，用户一直在消费体验非常差的状态下预订度假产品。要改变这种粗犷的原始状态，首先需要从旅游产品上下工夫。相比携程、艺龙的酒店、机票等标准化产品而言，休闲旅游度假产品是复杂程度最高的产品之一，因为它卖的是打包产品，除了包含机票和酒店外，经常还包括门票、导游、领队、服务、车、餐饮等各种项目的打包。

面对如此复杂的旅游产品，于敦德创业前五年的主要精力就是研究怎样将它们从线下搬到线上，变成标准化的产品。用他的话来说，"做的事情都是怎样更接地气"。经过反复尝试和改进后，他们的系统能将产品划分成三个维度：出发地、目的地、品类（比如，邮轮是一个品类）。三个纬度相互交叉组合，能构成不同的产品线，形成不同的价格，而且价格能动态变化。产品线不同，订单处理的流程也不一样。途牛之所以能实时查询到供应商的产品状态、产品特色以及最新的价格信息，是因为他们的系统已经和供应商系统实现对接。

从2013年开始，途牛真正认识到高客单价的产品品类对企业的品牌要求非常高，必须加大品牌投入。途牛应该是最早在地铁里投放广告的在线旅游公司，因为尝试效果不错，后来又继续投放。于敦德发现，后来驴妈妈、58同城、百姓网等也开始慢慢投放地铁广告。"有段时间，地铁、公交电视上的驴、马、牛挺多的。"他笑着回忆。"在线效果广告和品牌广告两条腿走路，这个蛮重要。"蒋涛称。除了打品牌广告之外，途牛开始加大在二三线城市的渗透力度，因为电视是通往二三线城市的最好选择，二三线城市对电视媒体的品牌信任度较强。现在，途牛除了有线上 PC 和无线预订外，还专门设置了 400 多名线下旅游顾问，就是为了提升高客单价产品的客户体验。

挑战在即，途牛是否做好准备，逆风而上了呢？

（资料来源：作者根据"新浪科技频道"内容整理。）

（三）发挥技能专长

创业者自身具备的技能是成功创业的有力武器，也是选择创业项目的重要依据。由于技能是创业者在以前工作过程中长期积累形成的，如果创业项目的运作与此项技能的运用密切相关，那么就比较容易形成自己的经营特色，他人难以模仿，而且也有助于实现项目的永续经营，同时经营中的技术问题也便于解决。基于这些优点，选择创业项目时，创业者应尽可能挑选与自身技能密切相关的项目。需要说明的是，这里所指的技能涵盖项目运作过程中使用到的所有技术和能力，既包括生产技术，也包括经营管理技能甚至创意能力等。河南泌阳的张海涛拥有桶壁飞车的杂技技术，就凭此他创建了一家民营飞车杂技团，获得了很大成功。试想，对于张海涛来说，他的创业项目还有比这个更合适的吗？

（四）利用自然和社会资源

俗话说，"靠山吃山，靠水吃水"，这种选择项目的途径应该说是最方便的了。自然资源是指创业所在地具备的在现代经济技术条件下能为人类利用的自然条件。例如，自然风景、气候、水土、地理位置、能源等。从选择创业项目的角度讲，这些自然资源应该具有独特性。社会资源内涵更为丰富，包含了除自然资源之外的所有物质。例如，民族风俗、传统工艺、人际关系等。由于当地独特的自然和社会资源不可复制，这使得借助这种方式选择的创业项目具有独占性，客观上提高了他人进入和竞争的门槛。黑龙江有一个叫黄季霜的人，用当地的一种特殊的草做成草笔，其使用性能已经远远超过了毛笔。经过他的精心运作，产品顺利地打开了市场，并获得了广大消费者的好评。

（五）改变经营模式

长期以来，人们总是习惯于一种固有的企业经营模式。这种模式由于屡见不鲜，便使得人们觉得这是最合理、最科学的选择。实际上，只要我们转换一个角度去观察和思考，在我们面前就会出现一个全新的世界。就像切苹果，我们总是竖着切，如果横着切，就会发现结果是如此不同。同样的道理，如果我们把这种思想移植到企业经营领域中去，对某个产业的经营全过程进行全部或局部的重新整合，就可能产生商业机会。管理学将此称之为"价值链重构"。美国的麦克·戴尔就是将计算机产业的价值链进行了重新设计，以直销代替原先以至现在普遍运用的代理制销售模式，使戴尔公司一跃成为世界最著名的公司之一。可以说，麦克·戴尔本人也是最成功的创业者之一。

（六）关注外围经营项目

任何一项具体的产业都是生产某种物质产品和提供某种劳务活动的集合体。其中包括众多的相互关联、相互影响的经营项目，这些经营项目有核心和外围之分。例如运输行业的核心经营项目是交通工具运输，外围经营项目则是零配件供应、燃料供应、交通工具修理等。人们往往看重的是核心经营项目，而对外围经营项目则漠不关心。殊不知，这些不显山不露水的项目借助一荣俱荣的便利，可以获得"一人得道，鸡犬升天"的效果。安徽有个聪明人叫奚兴根，在当地政府决定大力发展养蟹的时候，他却做起了供应蟹苗的生意，当大家看到蟹苗生意兴隆纷纷进入的时候，他又去做成品蟹的销售生意；当别人也开始卖成品蟹的时候，他又去做成品蟹交易市场。总之，他在成品蟹养殖这个产业核心项目外围打转转，靠着这种方法，他的项目做一个成一个。

（七）理性"跟风"

这种选择创业项目的思路看上去有些矛盾，因为人们一般把"跟风"和"盲目"联系在一起，觉得"跟风"没有吃肉的福，只有喝汤的份，搞不好连汤也喝不上。其实，"跟风"本身也不是完全不好，关键在于要把握好在什么情况下"跟风"、怎样"跟风"才能获得最大的效益。创业者要做到理性"跟风"，首先要客观认真地分析一下"拟跟项目"，它是否具备发展潜力，项目的生命周期是否长久，是否具备特色经营的可能性；其次，创业者要评估自身的状况，是否具备长期与竞争者抗衡的资金实力，是否拥有将"拟跟项目"做成特色品牌的能力等。当这些问题和条件搞清楚以后，再决定"跟风"就不盲目，而是理性的了。

当然，如何选择创业项目，没有一个定论，每个人要根据自己的情况为之，而且项目也是在不断变化的，好的项目由于竞争会变成不好的项目，原来赔钱的项目由于被人们接受也可能变成赚大钱的项目。商无定势，顺势而为，方是不败之道。

◇知◇识◇分◇享◇

选择创业项目的十条标准

最好的创业项目不一定适合自己，只有非常适合自己的才是最佳的。下面列出了检验创业项目的几条标准，供大家参考。

1. 自己是否感兴趣或者熟悉

兴趣是最好的老师，只要你对某项事情感兴趣，一般都容易做好，并且会事半功倍；如果对某项事情不感兴趣，一般都不容易做好，即使最后做好了，也会是事倍功半。因此，正在艰难选择项目的创业者，最好选择自己感兴趣的行业和项目。

熟悉的行业和项目有两层含义：一是自己所学专业领域的项目；二是对这个项目或者产品比较熟悉、不陌生。熟悉可以避免少走弯路，"新、奇、特"的项目打开市场需要一个过程，甚至投资以后还有可能打不开市场。

2. 项目本身是否可行

项目本身是否科学和可行是创业成败的关键。如果项目本身不科学也不可行，即使你付出再大的努力最终肯定还是要失败。在选择项目的时候，还要检索大量的资料和市场调查进行对比分析，然后通过充分地讨论和研究以后再下结论作出决策。

3. 是否有自己的独立发展空间

如果自己对某个项目也感兴趣，项目本身也科学可行，但是如果没有自己独立的发展空间也是不可取的。如果选择了没有自己独立发展空间的项目将意味着残酷的竞争，即使最后能够争取到立足之地，其结果也将是得不偿失的。

4. 存在的困难和问题能否解决

没有不存在困难和问题的创业活动，创业的过程也就是一个不断战胜困难和解决问题的过程。但是，对所选择项目存在的困难和问题，要预测自己能够解决的。如果存在的困难和问题自己无法解决，这样的项目也不要选择。如果选择了面临困难和问题不能解决的项目，将意味着创业活动会半途而废，这样只会给自己带来损失。

5. 是否可以长久地持续发展

有些产品的寿命周期很短，如以前有一种玩具"飞来飞去器"、健身器材"呼啦圈"，等等，这些产品的盛销也就是一阵风，这阵风吹过之后市场就饱和了。市场要有源源不断的需求，最好是反复重新消费的商品，只有选择这样的项目才可以长久地持续发展。

6. 产品（或者服务）是否有市场

在选择创业项目时如果以上五个条件都能够达到，但是如果生产出来的产品没有市场，这样的项目也不能选择。

导致没有市场的原因可能有：一是质次价高；二是产品的安全性能不达标；三是产品的质量不符合标准。以上三个原因是导致产品没有市场的根本原因。要选择物美价廉、安全可靠、产品质量达标的项目。

7. 能否找到自己的切入点

所谓切入点就是从哪里着手。项目选择在哪里实施，创业所需的人、财、物等各种资源如何调集和动作。厂际协作关系、企业内部的利益分配关系、与工商税务的关系、与顾客的关系、与投资者的关系，生产经营的各个环节都要能够找到自己的切入点。如果哪一个环节不通，整个创业活动都要受到影响，严重者甚至要被迫停止下来。

8. 生产经营是否合法

创业项目要选择国家允许准入的行业和领域。国家对于有些领域是明令禁止的，如制毒贩毒、军火的生产和经营、非法传销，等等；有些领域是有限制条件准入的，如制药、烟草等；有些行业是有资质限制准入的，如大型的建筑安装工程、矿山的开采等。对于普通的民用商品的生产绝大部分没有什么限制，只需要守法经营和照章纳税即可。自己所选择的项目及经营要符合法律的规定，否则创业也是要失败的。

9. 现有条件是否最赚钱

创业的途径众多，赚钱的门路也不少。但是并不是所有赚钱的门路都适合于每一个人。有的人天生就不适合创业，这种人打工挣钱比自己创业挣钱要多。有些人有很多赚钱的门路，在选择项目时要根据自己的条件选择最赚钱的项目，这样才能达到专心致志，方可确保创业成功。

10. 亲戚朋友是否支持

自己所选择的创业项目要得到亲戚朋友的支持。把这一点也作为一个标准有以下两个方面的作用：一是可以集思广益、群策群力避免项目选择上出现错误；二是可以达成共识，能够争取到众多人从资金、物质、人力等各个方面的支持。

（资料来源：选择创业项目的十条标准，百度文库。）

第三节   商业计划书

创业是一项涉及面广、影响因素复杂、多变的事业。当创业者选定了创业目标、确定了创业动机，并且在资金、人脉、市场等各方面的条件都已准备妥当或已经累积了相当实力之后，要想取得创业的成功，还必须对创业进行周密的策划与计划。此时，就需要提出一份完整的商业计划书。

商业计划，是创业者在创业种子期及创业期编写的计划书。商业计划书除了能让创业者明确自己的创业内容、坚定创业的目标外，还兼具说服他人的功用。通过商业计划书，创业者对自己的创业会有比较清晰的认识，同时可能募得一笔创业基金。

一、什么是商业计划书

"商业计划"（business plan）又名创业计划，是一无所有的创业者就某一项具有市场前景的新产品或服务向风险投资家游说，以取得风险投资的可行性商业报告。完整地说，商业计划书就是创业企业或个人，为了达到创业融资和其他发展目标，在经过创业项目调研、分析以及搜集整理有关资料的基础上，对与创业项目有关的所有事项进行全方位安排，包括商业前景展望，人员、资金、物质等各种资源的整合，以及经营的思想、战略确定等，最终根据一定的格式和内容要求呈现，以向投资商或其他相关人员全面展示创业企业/项目目前状况及未来发展潜力的书面材料。

萨尔曼（Sahlman）认为，一个好的商业计划书必须是在适当的动态的环境下结合了企业的人、商机、协议与外部环境四方面因素，并对下列问题给出合理的答案。

（1）参与其中的人是谁？他们过去做过什么？如何使人相信他们未来会成功？这个团队中还缺少谁？如何才能把他们吸引过来？

（2）商机的性质是什么？公司如何才能赢利？这个商机可能会如何发展？市场进入壁垒可以建立并加以保护吗？

（3）什么环境将影响企业？可能出现什么环境变化？管理者如何对变化做出反应？

（4）在这家企业的内部和外部，已经存在或者可能会出现什么协议？这些协议的签署提高了成功的可能性吗？这些协议和隐含其中的激励措施如何随着时间发展？

（5）为了提高投资报酬率，公司已经做了什么决策或者能够做出什么决策？

商业计划书是将创业者的创意具体化，将创意形成"概念公司"。为了实现商业计划书的目标，创业者必须要从创业企业的人员、制度、管理，以及企业的产品、营销、市场等各方面，对即将展开的商业项目进行可行性分析，并采用国际惯例通用的标准文本格式形成项目建议书，以全面介绍公司和项目的运作情况，阐述产品市场和融资要求及竞争、风险等未来发展前景。

二、撰写商业计划书的意义

一个有经验的飞行员在制定出一个经过详细调研的飞行计划之前，是不会冒险起飞的。但是，在日常生活中，却经常有人在几乎没有商业管理经验的情况下，不制定详细的创业计划就开始创业。创业时的盲目试飞对你、你的家人和朋友而言，与用一架小飞机冒险飞行同样危险。商业计划，是创业者计划创立的业务的书面概要，它为业务的发展提供了指示图，并成为衡量业务进展情况的标准。

商业计划的重要作用可表述为如下几个方面。

1. 使创业者整体把握创业思路、明确经营理念

每一位创业者或者准备创业者在创业之初都会对创建企业的发展方向，以

及经营思路有一个粗略的设想，但如果把这一设想编写成规范的商业计划，则会发现自己要从事的事业并非如所设想的那样容易。比如资金不足或市场增长率低等，有些时候还不得不放弃创业的念头。创业计划可以使创业者严格地、客观地、全面地从整体角度观察自己的创业思路，明确经营理念，以避免因企业破产或失败而可能导致的巨大损失。

另外，在研究和编写商业计划的过程中，经常会发现经营机会并不完全与所期望的一样，此时，创业者会根据实际情况采用不同的策略使创业活动更加可行。因此，我们说，商业计划的编写过程就是创业者进一步明确自己的创业思路和经营理念的过程，也就是创业者从直观感受向理性运作过渡的过程。

2. 帮助创业者有效管理创业企业，为制定的计划和行动提供理由

编制成功的商业计划为创业者的创业活动进行了周密安排，可以增强创业者的创业信心。这是因为创业计划既提供了企业的全部现状及其发展方向，又提供了良好的效益评价体系及管理监控标准，使创业者在管理企业的过程中对企业发展中的每一步都能做出客观的评价，并及时根据具体的经营情况调整经营目标，完善管理方法。

并且在通常情况下，人们决定做某一件事情，或是因为从来都是这么做的，很少考虑其中的原因，而计划则强迫你给出理由，或者至少说明你制订计划时的想法，从而明确经营的目标。

3. 宣传本企业，并为融资提供良好的基础

书面的商业计划是创业企业的象征和代表，它使创业者与企业外部的组织及人员得以良好地沟通，是企业进行对外宣传的重要工具，也为创业企业融资提供了基础文件。其作用具体表现在：（1）寻求战略性合作伙伴和签订大规模的合同；（2）寻求风险投资；（3）吸引优秀管理人员；（4）获得银行资助。

好的商业计划是一份令人赏心悦目的文件，可以展示创业者的能力与决心，为创业企业宣传、扩大影响提供依据。它可以向局外人，例如有关的领导人和供货商，表明你怎么做生意，同时也表明你对企业的全力投入。

4. 整合、聚拢资源，获得经济效益

商业计划书的整合作用是一个最根本、最重要的作用。在创业的过程中，各种生产要素是分散的、各种信息是凌乱的、各种工作是互不衔接的。通过编写创业计划书的过程，梳理思路、进行调研、完善信息、找到各种程序之间的衔接点，最终把各种资源有序地整合、调动起来，围绕着创造和形成商业利润，进行最佳要素的组合。这种整合，才能把各种分散的资源聚拢起来，形成一种增量资源，才能得到明显的经济效益。

三、如何撰写商业计划书

商业计划书是创业者制定的创办企业的各个方面的规划与计划的书面文件。一份好的商业计划书，可以收到事半功倍的效果，可以成为创业企业在各方面获得成功的通行证，也是创业者创业成功必备的要素之一。

（一）商业计划书撰写的基本步骤

制订一个完整的商业计划需要投入相当多的精力，最终计划应做成一份结构清晰完整、可作为公司宪章的业务文件。通常，一份商业计划书是一份完整、独立的文件，用以介绍可行的市场需求，公司如何满足这些需求，并强调实施工作所需资源。商业计划书要提交给公司筹办合伙人、潜在投资者及融资公司、潜在雇员、合作伙伴及顾问、客户，以及供应商。

1. 准备阶段

商业计划书的编写涉及的内容较多，因而制订商业计划前必须进行周密的安排。主要有如下一些准备工作：（1）确定商业计划的目的与宗旨；（2）组成商业计划工作小组；（3）制定商业计划书编写计划；（4）确定商业计划书的种类与总体框架；（5）制定商业计划书编写的日程安排与人员分工。

2. 资料准备阶段

以商业计划总体框架为指导，针对创业目的与宗旨，搜集内部与外部资料，包括创业企业所在行业的发展趋势、产品市场信息、产品测试、实验资料、竞争对手信息、同类企业组织机构状况、行业同类企业财务报表等。资料调查可分为实地调查与收集二手资料两种方法：实地调查可得到创业所需的第一手真实资料，但时间及费用耗费较大；收集二手资料较容易，但可靠性较差。创业者可根据需要灵活采用资料调查方法。

3. 商业计划书的形成

商业计划形成阶段要完成如下几项任务。

（1）拟定创业执行纲要：主要是创业各项目概要。

（2）草拟初步商业计划：依据创业执行纲要，对创业企业的市场竞争及销售、组织与管理、技术与工艺、财务计划、融资方案，以及风险分析等内容进行全面编写，初步形成较为完整的创业计划方案。

（3）修改完善阶段：商业计划小组在这一阶段对商业计划进行广泛调查并征求多方意见，进而提出一份较为满意的商业计划方案。

（4）商业计划书定稿：进行定稿，并印制成正式商业计划文本。

（二）商业计划书的具体撰写

商业计划书一般应写两份，一份给自己，另一份给投资人。给自己的计划书应包括以下主要内容：简介、企业目标陈述、企业设想描述、产品与服务介绍、市场分析、生产计划、市场营销计划、组织计划、财务计划、风险评估、附录。给投资人的计划书不仅包括给自己的计划书的全部内容，还应包括以下内容：封面、组织定位、计划摘要、组织远景与经营模式说明等，其中尤以给投资人的计划书最为重要。

1. 封面

封面的设计要有审美观和艺术性，一个好的封面会使阅读者产生最初的好感，给人留下一个良好的第一印象。

2. 组织定位

组织定位反映出组织的经营策略，在产业价值系统里，创业者要用自己的产品和服务明确界定自己的角色。投资人总是试图从创业者的商业计划书中获得创业者的组织定位，进一步说就是创业者得有与众不同的定位。

3. 计划摘要

计划摘要放在创业计划书的最前面，它是浓缩了的创业计划书的精华。计划摘要涵盖了计划的要点，一目了然，以便读者能在最短的时间内评审计划并作出判断。

计划摘要一般要有包括以下内容：公司介绍、管理者及其组织、主要产品和业务范围、市场概况、营销策略、销售计划、生产管理计划、财务计划、资金需求状况等。

在介绍企业时，首先要说明创办新企业的思路、新思想的形成过程，以及企业的目标和发展战略。其次，要交代企业现状、过去的背景和企业的经营范围。在这一部分中，要对企业以往的情况做客观的评述，不回避失误。中肯的分析往往更能赢得信任，从而使人容易认同企业的商业计划书。最后，还要介绍一下创业者自己的背景、经历、经验和特长等。企业家的素质对企业的成绩往往起关键性的作用，在这里，企业家应尽量突出自己的优点并表示自己强烈的进取精神，以给投资者留下一个好印象。

在计划摘要中，企业还必须要回答下列问题：（1）企业所处的行业，企业经营的性质和范围；（2）企业主要产品的内容；（3）企业的市场在哪里，谁是企业的顾客，他们有哪些需求；（4）企业的合伙人、投资人是谁；（5）企业的竞争对手是谁，竞争对手对企业的发展有何影响。

4. 组织远景与经营模式说明

创业企业的远景是创业者对企业的前景和发展方向的一个高度概括化描述，这种描述在情感上能激起员工的热情。远景是一个组织的领导用以统一组织成员的思想和行动的有力武器。企业远景由核心理念和对未来的展望两部分组成，它们是构成企业发展的内在驱动力。其中，核心理念是企业存在的根本原因、是企业的灵魂、是企业的凝聚力。例如，沃尔玛的核心理念是"给普通人提供和富人一样的购物机会"，迪士尼乐园的核心理念是"给人们带来快乐"。而未来展望代表企业追求的和努力争取的东西，它随着企业经营环境的改变而改变。未来展望由未来10—30年的远大目标和对目标的生动描述构成。远大目标必须用生动形象的语言加以描述。例如，福特汽车的远大目标是为大众造一种汽车，它的低价格将使所有挣得相当工资的人都能够买得起，都能和他的家人享受上帝赐予我们的广阔大地。

创业者应当让自己的组织有一个标注得非常清楚的远景，未来几年创业者的组织会变成什么样的格局，并且将好的构想妥为包装，让投资人能有一个期待。

企业的经营模式从结构上看大致可分为五个主要部分：行政管理层面、销售层面、生产层面、技术层面和资金管理层面。企业初创时期，事务相对简单，管理层次和管理幅度也还没有十分宽泛，因此可以采取直接管理的方法。比如，一些家族企业在规模和领域还不大的时期，采用直接管理是十分有效的；但当企业发展壮大以后，经营模式就需要随之创新和优化。

一般意义上来说，可以将企业的经营模式分成下面几种类型。

（1）管理，指一种狭义的直接指挥、协调、检查的职能，是最原始、最直接和最简单的一种经营模式。

（2）监督，是基于对经营管理过程中的管理者行为是否尽职尽责、自律守法，以及经营管理结果和效果的一种分析评价机制。

（3）监控，有点像探照灯，时刻关注着。这是对子公司管理的一种方法，现在不少企业用一些实施信息化的手段在做经营管理活动的监控。

（4）管控，是基于母公司作为子公司的投资身份而衍生出来的管理方法，体现的是在一些关键要素上大股东实施以"控制"为特征的管控行为。

（5）治理，是一家公司法定的三会四权的法人治理结构。这种运作机制具体到董事会、监事会如何配置，以及怎样让他们发挥价值、履行他们的职责，还包括股东层面、董事会如何通过科学合理的激励与约束策略来促使管理层的利益与公司利益、股东利益实现有效的捆绑，最大限度地发挥经营管理者的积极性和创造性，使企业的即期业绩和可持续发展能力都得到提升。

在实际的企业经营管理实践中，上述几种类型往往是实行复合运用的，效果好坏取决于高层管理者对企业发展态势、阶段，以及法律法规和政策环境的理解，如何搭配并融会贯通，是有效与否的关键。创业者在企业的不同发展阶段合理科学地、单一或复合地对这些经营模式加以运用，可以发挥更有效的作用。

5. 产品与服务基本介绍

在进行投资项目评估时，投资人最关心的问题之一，就是风险企业的产品、技术或服务能否及在多大程度上解决现实生活中的问题，或者是风险企业的产品（服务）能否帮助顾客节约开支、增加收入。因此，产品介绍是创业计划书中必不可少的一项内容。通常，产品介绍应包括以下内容：（1）产品的概念、性能及特性；（2）主要产品介绍；（3）产品的市场竞争力；（4）产品的研究和开发过程；（5）发展新产品的计划和成本分析；（6）产品的市场前景预测；（7）产品的品牌和专利。

在产品（服务）介绍部分，企业家要对产品（服务）作出详细的说明，且说明要准确，也要通俗易懂，必须能使作为非专业人员的投资者也能明白。产品介绍都要附上产品原型、照片或其他介绍。一般来说，产品介绍必须要回答以下问题。

（1）顾客希望企业的产品能解决什么问题，顾客能从企业的产品中获得什么好处？

（2）企业的产品与竞争对手的产品相比有哪些优缺点，顾客为什么会选择本企业的产品？

（3）企业为自己的产品采取了何种保护措施，企业拥有哪些专利、许可证，或与已申请专利的厂家达成了哪些协议？

（4）为什么企业的产品定价可以使企业产生足够的利润？为什么用户会大批量地购买企业的产品？

（5）企业采用何种方式去改进产品的质量、性能？企业对发展新产品有哪些计划？

产品（服务）介绍的内容比较具体，因而写起来相对容易。虽然夸赞自己的产品是推销所必需的，但应该注意，企业所做的每一项承诺都是"一笔债"，都要努力去兑现。

6. 人员及组织结构

有了产品之后，创业者第二步要做的就是组织一支有战斗力的管理队伍。企业管理的好坏，直接决定了企业经营风险的大小，而高素质的管理人员和良好的组织结构则是管理好企业的重要保证。因此，风险投资家会特别注重对管理队伍的评估。

企业的管理人员应该是互补型的，而且要具有团队精神。一个企业必须要具备负责产品设计与开发、市场营销、生产作业管理、企业理财等方面的专门人才。在商业计划书中，必须要对主要管理人员加以阐明，介绍他们所具有的能力、他们在本企业中的职务和责任、他们过去的详细经历及背景。此外，在这部分商业计划书中，还应对公司结构做一简要介绍，包括：（1）公司的组织机构图；（2）各部门的功能与责任；（3）各部门的负责人及主要成员；（4）公司的报酬体系；（5）公司的股东名单，包括认股权、比例和特权；（6）公司的董事会成员；（7）各位董事的背景资料。团队是否完整？缺少什么人才？了解自己的不足，诚实面对它并要求协助。

7. 市场预测

当企业要开发一种新产品或向新的市场扩展时，首先，要进行市场预测。而市场预测就要先对需求进行预测：市场是否存在对这种产品的需求？需求程度是否可以给企业带来所期望的利益？新的市场规模有多大？需求发展的未来趋向及其状态如何？影响需求的都有哪些因素？其次，市场预测还要包括对市场竞争的情况——企业所面对的竞争格局进行分析：市场中主要的竞争者有哪些？是否存在有利于本企业产品的市场空当？本企业预计的市场占有率是多少？等等。

在商业计划书中，市场预测应包括以下内容：（1）市场现状综述；（2）竞争厂商概览；（3）目标顾客和目标市场；（4）本企业产品的市场地位；（5）市场区格和特征等。风险企业对市场的预测应建立在严密、科学的市场调查基础上。风险企业所面对的市场，本来就有更加变幻不定、难以捉摸的特点。因此，风险企业应尽量扩大收集信息的范围，重视对环境的预测和采用科学的预测手段和方法。

创业者应牢记的是，市场预测不是凭空想象出来的，对市场错误的认识是企业经营失败的最主要原因之一。顾客在哪里？如何留住他们？如果你是顾客，你会如何选择？这一点创业者应当为投资人解释，但不要讲废话。有人说我留住顾客的方法就是不断地给他折价券，其实这完全不算是留住顾客的策略，因为只要别人给了更大折扣的折价券，顾客马上就走。应当以好的产品和服务去开发顾客，要让顾客体验到价格以外不可替代的价值，做到"人无我有，人有我优，人优我精，人精我名"。

8. 营销计划

营销是企业经营中最富挑战性的环节，影响营销策略的主要因素有：（1）消费者的特点；（2）产品的特性；（3）企业自身的状况；（4）市场环境方面的因素。

最终影响营销策略的则是营销成本和营销效益因素。

在商业计划书中，营销策略应包括以下内容：（1）市场机构和营销渠道的选择；（2）营销队伍和管理；（3）促销计划和广告策略；（4）价格决策。对创业企业来说，由于产品和企业的知名度低，很难进入其他企业已经稳定的销售渠道中去。

9. 财务规划

财务规划需要花费较多的精力来做具体分析，其中包括现金流量表、资产负债表以及损益表的制备。流动资金是企业的生命线，因此企业在初创或扩张时，对流动资金需要有预先周详的计划和进行过程中的严格控制；损益表反映企业的赢利状况，它是企业在一段时间运作后的经营结果；资产负债表则反映某一时刻的企业状况，投资者可以用资产负债表中的数据得到的比率指标来衡量企业的经营状况，以及可能的投资回报率。

财务规划一般要包括：（1）创业计划书的条件假设；（2）预计的资产负债表；（3）预计的损益表；（4）现金收支分析；（5）资金的来源和使用。

10. 风险预见

创办企业的风险来自各个方面，有市场风险、有执行计划中的风险。在商业计划书中你不仅要一一列出这些风险，还要告诉投资者面对这些风险时你会做出哪些反应，要根据不同风险制定出不同方案。

关于风险你常常要回答以下问题：你的公司在市场、竞争和技术方面都有哪些基本的风险？你准备怎样应付这些风险？就你看来，你的公司还有一些什么样的附加机会？在你的资本基础上如何进行扩展？在最好和最坏的情形下，你的五年计划表现如何？等等。

11. 专业词汇介绍

展现表达与沟通技巧，是组织领导人的重要特质。沟通与传播不仅是口才的问题，面对投资人、股东，以及那些非专业人士，创业者应该有本事把自己的专业讲到他们听懂、讲到他们喜欢。

◇知◇识◇分◇享◇

撰写商业计划书的三大原则

1. 开门见山，直切主题

要开门见山地切入主题，用真实、简洁的语言描述你的想法，不要浪费时间去讲与主题无关的内容。

2. 尽可能多地搜集相关资料

要广泛搜集有关市场现有的产品、现有竞争、潜在市场、潜在消费者等具体信息。

3. 评估商业计划书

站在一位审查者的角度来评估该商业计划书。

（资料来源：投融界网站。）

四、撰写商业计划书的注意事项

在十年前，"商业计划书"对于中国的企业家和创业者来说无疑是一个陌生的名词。在中国风险投资成长的今天，商业计划书在创业投资中的作用也越来越被人们重视。特别是在互联网时代，几张纸写就的计划书就能引来一笔风险投资，曾经使多少创业者羡慕不已。现在这个时代已经结束，越来越理性的风险投资者在选择创业企业时，更加会从商业计划书中发现投资的价值。

◆知◆识◆分◆享◆

商业计划书的 6C 规范

商业计划书的撰写规范，根据其英文首字母，简称为 6C 规范。

商业概念（concept）：就是让市场知道你的业务是什么，要卖的是什么。

顾客（customers）：顾客的范围要很明确，比如说，你的顾客在哪里，在农村还是在城市。

竞争者（competitors）：需要回答的问题是，你的东西有人卖过吗？谁在卖？是否有替代品？竞争者跟你的关系是直接竞争还是间接竞争等。

能力（capabilities）：要回答的问题是，要卖的东西自己懂不懂？有没有这个能力做？再不然也要有鉴赏的能力。

资本（capital）：资本可能是现金，也可以是有形或无形资产。

持续经营（continuation）：有没有长期打算？当事业做得不错时，将来的计划是什么？

（资料来源：看准网。）

对于希望在人生的年轻阶段就大获全胜的大学生创业者来讲，做一份有分量的商业计划书，首先要注意以下几个问题。

（一）忽略商业计划书的重要作用

把大量的精力和时间放在找关系寻资金上，即使碰到了感兴趣的风险投资人，也往往因准备不足而错失良机。这样的案例经常出现，年轻的创业者们太关注资金了，反而把获得资金的有效途径——商业计划书忽略一旁。

（二）商业计划书简单化与过度策划

有些创业者和创业投资企业在撰写计划书时，把商业计划书视同于一般的工作计划和项目建议书；而有些创业者则过分追求计划书的策划，使策划成分太多、太虚，经不起融资合作方的推敲，就此失去大好机会。

（三）商业计划书的对象过于狭隘：只迎合投资合作者

在大多数创业者明白了商业计划书的重要性之后，其中一个很大的误区就是，认为只要策划方案能抓住投资合作者本人就可以了，大可不必考虑其他人的想法、看法和做法，只要那一个关键人物点头，就能拿到融资"许可证"。

其实，商业计划书是创业企业寻找投资方的敲门砖，既是策划给投资方老板，也是策划给创业企业自己和投资方高层，甚至普通职工。因此，策划的对象不仅仅是投资者本人，更是一个团队、一个集体，一定要注意策划成分中的语言和观点需尽量迎合所有人，而不是哪一个人。

一份好的商业计划书是创业者自己在寻求到投资者的支持后，能够基本顺利实施的项目操作计划。如果只是写给投资人看，那一定经不起推敲，缺乏坚实的群众基础。

（四）商业计划书应包含对竞争对手的详细分析

商业计划书应详尽地向投资人分析竞争对手的状况，这里包括竞争公司实力、产品情况以及潜在竞争对手的情况和市场变化分析。通过上述描述要向投资者展示自己企业的差异化、创新点。通过摆事实、做策划向人们证明：自己目前虽然才刚起步，但将来终将成为行业的"领头羊"。

商业计划书里，应尽量用数字化和通俗易懂的言语措辞来明晰地描述企业产品或服务的属性，让投资人和团队对产品或者服务项目有足够的兴趣和信心。

同样应注意，策划手段的运用千万不能过头，要适可而止。

拓展阅读

创业项目计划书样本

√ 按国际惯例通用的标准文本格式形成的项目计划书，是全面介绍公司和项目运作情况、阐述产品市场及竞争、风险等未来发展前景和融资要求的书面材料。

√ 保密承诺：本项目计划书内容涉及商业秘密，仅对有投资意向的投资者公开。未经本人同意，不得向第三方公开本项目计划书涉及的商业秘密。

一、项目企业摘要

创业计划书摘要，是全部计划书的核心之所在。

﹡投资安排

资金需求数额	（万元）	相应权益	

﹡拟建企业基本情况

公司名称	
联系人	
电话	
传真	
E-mail	
地址	
项目名称	
您在寻找第几轮资金	□种子资本　□第一轮　□第二轮　□第三轮
企业的主营产业	

﹡其他需要着重说明的情况或数据（可以与下文重复，本概要将作为项目摘要由投资人浏览）

二、业务描述

＊ 企业的宗旨（200 字左右）

＊ 主要发展战略目标和阶段目标

＊ 项目技术独特性（请与同类技术比较说明）

介绍投入研究开发的人员和资金计划及所要实现的目标，主要包括下列内容。

（1）研究资金投入；

（2）研发人员情况；

（3）研发设备；

（4）研发产品的技术先进性及发展趋势。

三、产品与服务

＊ 创业者必须将自己的产品或服务创意做一介绍，主要包括下列内容。

（1）产品的名称、特征及性能用途；介绍企业的产品或服务及对客户的价值。

（2）产品的开发过程，同样的产品是否还没有在市场上出现？为什么？

（3）产品处于生命周期的哪一段？

（4）产品的市场前景和竞争力如何？

（5）产品的技术改进和更新换代计划及成本，利润的来源及持续营利的商业模式。

＊ 生产经营计划，主要包括下列内容。

（1）新产品的生产经营计划：生产产品的原料如何采购、供应商的有关情况，劳动力和雇员的情况，生产资金的安排，以及厂房、土地等；

（2）公司的生产技术能力；

（3）品质控制和质量改进能力；

（4）将要购置的生产设备；

（5）生产工艺流程；

（6）生产产品的经济分析及生产过程。

四、市场营销

＊ 介绍企业所针对的市场营销战略、竞争环境、竞争优势与不足、主要产

品的销售金额、增长率和产品或服务所拥有的核心技术、拟投资的核心产品的总需求等。

　　* 目标市场，应解决以下问题。

　　(1) 你的细分市场是什么？

　　(2) 你的目标顾客群是什么？

　　(3) 你的5年生产计划、收入和利润是多少？

　　(4) 你拥有多大的市场？你的目标市场份额为多大？

　　(5) 你的营销策略是什么？

　　* 行业分析，应该回答以下问题。

　　(1) 该行业发展程度如何？

　　(2) 现在发展动态如何？

　　(3) 该行业的总销售额有多少？总收入是多少？发展趋势怎样？

　　(4) 经济发展对该行业的影响程度如何？

　　(5) 政府是如何影响该行业的？

　　(6) 是什么因素决定了该行业的发展？

　　(7) 竞争的本质是什么？你将采取什么样的战略？

　　(8) 进入该行业的障碍是什么？你将如何克服？

　　* 竞争分析，要回答如下问题。

　　(1) 你的主要竞争对手有哪些？

　　(2) 你的竞争对手所占的市场份额是多少？它有哪些市场策略？

　　(3) 可能出现什么样的新发展？

　　(4) 你的核心技术（包括专利技术拥有情况，相关技术使用情况）和产品研发的进展情况如何？现实物质基础是什么？

　　(5) 你的策略是什么？

　　(6) 在竞争中你的发展、市场和地理位置的优势所在？

　　(7) 你能否承受竞争所带来的压力？

　　(8) 产品的价格、性能、质量在市场竞争中所具备的优势有哪些？

＊ 市场营销，你的市场营销策略部分应该说明以下情况。

（1）营销机构和营销队伍。

（2）营销渠道的选择和营销网络的建设。

（3）广告策略和促销策略。

（4）价格策略。

（5）市场渗透与开拓计划。

（6）市场营销中意外情况的应急对策。

五、管理团队

＊ 全面介绍公司管理团队情况，主要包括以下内容。

（1）公司的管理机构，主要股东、董事、关键的雇员、薪金、股票期权、劳工协议、奖惩制度及各部门的构成等情况都要以明晰的形式展示出来。

（2）要展示你公司管理团队的战斗力和独特性及与众不同的凝聚力和团结战斗精神。

＊ 列出企业的关键人物（含创建者、董事、经理和主要雇员等）。

关键人物之一

姓　　名	
角　　色	
专业职称	
任　　务	
专　　长	

主要经历			
时　　间	单　　位	职　　务	业　　绩

所受教育			
时　　间	学　　校	专　　业	学　　历

＊企业共有多少全职员工（填数字）。

＊企业共有多少兼职员工（填数字）。

＊尚未有合适人选的关键职位。

＊管理团队优势与不足之处。

＊人才战略与激励制度。

＊外部支持：公司聘请的法律顾问、投资顾问、投发顾问、会计师事务所等中介机构名称。

六、财务预测

＊财务分析，包括以下三方面的内容。

（1）过去三年的历史数据、今后三年的发展预测，主要提供过去三年现金流量表、资产负债表、损益表，以及年度的财务总结报告书。

（2）投资计划。

① 预计的风险投资数额；

② 风险企业未来的筹资资本结构如何安排；

③ 获取风险投资的抵押、担保条件；

④ 投资收益和再投资的安排；

⑤ 风险投资者投资后双方股权的比例安排；

⑥ 投资资金的收支安排及财务报告编制；

⑦ 投资者介入公司经营管理的程度。

（3）融资需求。

创业所需要的资金额，团队出资情况，资金需求计划，为实现公司发展计划所需要的资金额，资金需求的时间性，资金用途（详细说明资金用途，并列表说明）。

融资方案：公司所希望的投资人及所占股份的说明，资金其他来源，如银行贷款等。

＊完成研发所需投入。

＊达到盈亏平衡所需投入。

＊ 达到盈亏平衡的时间。

项目实施的计划进度及相应的资金配置、进度表。

＊ 投资与收益。

（单位：万元）	第一年	第二年	第三年	第四年	第五年
年 收 入					
销售成本					
运营成本					
净 收 入					
实际投资					
资本支出					
年终现金余额					

＊ 简述本期风险投资的数额、退出策略、预计回报数额和时间表。

七、资本结构

迄今为止有多少资金投入企业？	
目前打算筹集多少资金？	
假如筹集成功，企业可持续经营多久？	
下一轮投资打算筹集多少？	
企业可以向投资人提供的权益有哪些？	☐股权　☐可转换债　☐普通债权　☐不确定

＊ 目前资本结构表。

股东成分	已投入资金	股权比例

＊ 本期资金到位后的资本结构表。

股东成分	投入资金	股权比例

＊ 请说明你们希望寻求什么样的投资者（包括投资者对行业的了解，资金上、管理上的支持程度等）。

八、投资者退出方式

＊ 股票上市：依照本创业计划的分析，对公司上市的可能性作出分析，对上市的前提条件做出说明。

＊ 股权转让：投资商可以通过股权转让的方式收回投资。

＊ 股权回购：依照本创业计划的分析，公司对实施股权回购计划应向投资者说明。

＊ 利润分红：投资商可以通过公司利润分红达到收回投资的目的，按照本创业计划的分析，公司的实施股权利润分红计划应向投资者说明。

九、风险分析

＊ 企业面临的风险及对策。

详细说明项目实施过程中可能遇到的风险，提出有效的风险控制和防范手段，包括技术风险、市场风险、管理风险、财务风险及其他不可预见的风险。

十、其他说明

＊ 你认为企业成功的关键因素是什么？

＊ 请说明为什么投资人应该投贵企业而不是别的企业。

＊ 关于项目承担团队的主要负责人或公司总经理详细的个人简历及证明人。

＊ 媒介关于产品的报道；公司产品的样品、图片及说明；有关公司及产品的其他资料。

＊ 商业计划书内容真实性承诺。

附录：商业计划书范例

"新奇派"网上创意家居店创业计划书

目　　录

"新奇派"网上创意家居店创业计划书

一、计划摘要

1.1　产品摘要

我们主要从事创意家居用品的销售。我们通过代理其他品牌的产品来进行销售,在一年的时间内,我们的目标是创立自己的产品及品牌。

我们的目标市场是18—38岁的年轻群体。针对他们张扬的个性,渴望生活更多奇迹、更多乐趣的特性,我们选用新奇的创意产品来为他们提供服务。

我们的产品,由于其形态各异、设计奇妙的特性,正是让生活变得轻松愉悦的调味剂,也是现在18—38岁的年轻群体在生活中极其需要的东西。

1.2　项目背景

现在,随着人们生活水平的提高、社会以及生活的多元化,人们的个性越来越张扬开放,对生活的要求也随之变高了,人们不再满足于那些大众化、普通的家居用品,而更倾向于那些个性化、新奇时尚的商品。再加上现在生活与工作压力越来越大,人们渴望得到舒缓,让自己的生活更轻松愉悦。要知道,生活不仅仅是枯燥的柴米油盐酱醋茶,更是在平淡的日子里加点细致、加点精良、加点创意。细节处见心思,细节处见品位。因此一个形态各异、设计奇妙的小小家居生活用品,不仅能在功效上完全满足人们的需求。同时,由于设计师的另类创意,那些色彩娇艳、时尚卡通的小玩意又成了年轻人互赠的礼品,为他们的生活增添了无限乐趣。

现在,随着中国整体网络购物环境的改善、网上支付和网上银行的快速发展,网络购物市场的增长趋势明显。根据艾瑞咨询调研数据显示,年轻人在网购人群中占的比重很大。由于实体店中专门卖新奇商品的并不多,而且网上可选择性大、价格便宜,所以对于新奇类商品,他们更愿意在网上进行购买。

对于我们创业者来说,网络最大的优点就是互动性强。在购物的同时,也可以上网开店出售物品。网上开店创业拥有众多优势:启动资金低、投入少、交易快捷方便。也正是看到了新奇类商品电子商务的市场前景和可拓展的空间,同时也充分结合自己本身的现状,选择在"淘宝"这个平台开设一家自己的新奇商品店进行网上创业。

1.3 团队背景

我们的团队于 2018 年 6 月组成,其成员均是电子商务专业的学生,我们是因共同的目标走到一起的,且都想通过网店为其他人服务。我们有专业的销售团队、推广团队及技术团队。在销售上,队员们会采取线上线下两种方式进行商品的销售;在推广上,主要通过博客、论坛等途径进行软文推广;在技术上,有队员专门负责店铺装修,以及图片的美工设计。

二、市场调查概况分析

现如今随着网民的增加,网上购物成为了流行趋势。2018 年,天猫"双11"总交易额达 2 135 亿元,全天物流订单量超 10 亿元,18 万个品牌参与,237 个品牌当日成交额破亿。新零售成为经济热词。智慧门店、智能导购、VR/AR 试衣试妆、无感支付……在新零售带动下,新的消费形式不断涌现,国内市场的内涵和外延不断拓展。这就给我们带来了一个网上创业的机会,一个好的平台。

据统计,全球创意时尚潮流用品的年消费额高达 2 000 亿—3 000 亿元。其中通过对深圳、广州、上海、郑州等地 280 名城市白领进行的前期市场调查,发现 81% 的人购买家居产品最先考虑的是其人性化设计,96.4% 的受访者愿意接受比普通同类家居产品更高的价格。流行业行业协会预测，2018年后，国内创意时尚潮流饰品设计力求奇思妙想、夸大时尚，从渺小处体现美好。时尚潮流饰品市场指导性资料均显示，消费水准的不断提高，直接诱发了人们对生活情趣更高层次的追求，将会有更多的人预备将拆修费省下来，用以购买能够让居家充满个性和情趣的家居用品和装点品。时尚、潮流、个性，越来越成为生活不可或缺的重要主题。家饰重要性的凸显使得时尚潮流饰品也成为单位、个人赠送礼品的首选。国内时尚创意用品市场的需求空间正在强劲的消费拉动下变得空前宽广。

但是，市场调查显示，目前此类产品相对分离，仍处于"品类少、质量差、价格高、无品牌、市场乱"的低级发展阶段，因此急需一个品牌化、规范化的时尚品牌来引领国内市场。

除了广泛收集行业数据外，我们还可以把自己的想法或是样品拿出来听听亲戚或是周围朋友的意见，因为他们很多人可能就是你的潜在客户；也可以请教一些行业人士与专家，听听他们的意见。我们还做了一些调查问卷，进行终端用户调查，了解用户真正需要的是哪方面的服务，以及如何打出我们的品牌，随时掌握市场概况。

我们对目标市场设定为18—38岁的年轻消费者，以及在校大学生，他们将成为我们网店的最大客户群。通过设计并发放调查问卷来了解消费者的具体需求。其中我们设计的问题有如下几个。

（1）对于网上的一些创意产品是否会有兴趣购买？

（2）对于创意产品，您会倾向于什么价位？

（3）影响产品购买的因素。

（4）您倾向于哪种类型的创意家居产品？

（5）通常购买的时间。

除此之外，我们还必须经常在网上调研，看看别人的网店里有没有类似这样的产品出售，如果有，那就说明这样的产品有市场，然后再根据市场调整推广方式。如果没有，则尽可能地展开问卷调查，当有市场时，则尽快推广，抢占先机。

三、经营环境与客户分析

3.1 基本经营环境

由于是在网上创业，而且是选择了用户群大、为卖家买家服务周到、经营环境好的淘宝网。所以我们的经营环境是和网络，而且是和淘宝网密切相关的。

我们的网店有很多优势。

（1）我们的创意家居产品不属于季节性产品，我们不必担心会有什么淡季旺季之分，只需持续做好宣传及售前、售中、售后服务就好。

（2）另外，由于实体店中专门卖新奇商品的并不多，而且网上可选择性大、价格便宜，所以对于新奇类商品，他们更愿意在网上进行购买。可谓既省时间，又省金钱。

（3）淘宝为我们卖家专门开设了一个创意站，里面也有很多活动来支持我们这个小卖家，比如，"第三季 DIY 教程大赛"等。

（4）我们是电子商务专业的学生，我们本身就处于目标客户群里，因此我们更容易了解客户需求，更容易通过亲朋好友等进行适当的宣传。

但我们又有很多劣势。

（1）由于我们是刚开始创业，我们的网店还没什么信誉。而在淘宝上，店铺的信誉是十分重要的，很多顾客为了防止上当受骗，只在信誉好的店铺购买。所以相对的，我们的顾客会因为信誉问题而流失很大一部分。

（2）我们还是学生，没有那么多的启动资金来支持我们进行大量的宣传。

（3）由于创意家居产品行业并没有行业垄断，因此竞争极其激烈，在淘宝上已经产生了一些知名的品牌（相对于本行业而言），他们知名度高、设计新颖、信誉好，这对我们这类新创业者是一个很大的压力。

3.2 竞争分析

在创意家居产品行业，由于实体店中并没有一个很大的知名品牌。从这个角度看，在网上创业有很大优势。

但现在在淘宝上已经产生了一些知名的淘品牌，他们知名度高、设计新颖、信誉好。他们就是我们的主要竞争对手。

经过对多家类似商品网店的调查，我们发现，我们的竞争对手主要有"丑石""兔家创意工坊""风车与橘创意礼品""敏敏玩具"等淘品牌。他们相对已经比较成熟，但是他们普遍价格较高，在经营及店铺设计上都存在一定的不足。经过了这些深入的了解，我相信只要我们能抓住我们竞争对手所忽略的地方，并且选好产品，把好质量关，让顾客得到满意的性价比，我们网店肯定会在淘宝上做到不错的位置。

3.3　目标客户分析

在校大学生及其他年轻消费者购买时一般不问价格，但从网上订单来看，侧重于中档价位。他们看中的主要是商品能够张扬个性，而包装一般倾向于要求高档化，并有向个性化方向发展的趋势。

四、经营策略

对于经营策略的选择，首先，我们要根据目标人群的特点，以及竞争情况确定我们的商品是什么，即进行产品定位；然后根据定位进行具体经营策略的规划。

4.1　产品定位

由于在校大学生及其他年轻消费者的特点也正符合我们产品的特性，再加上我们这个创业群体也处于目标群体的交际圈。所以我们将目标顾客确定为在校大学生及其他年轻消费者。通过做品牌代理，来进行创业。

在商品价位上，我们定位中低档，以低价优质的策略来进行创业宣传。

4.2　战略目标

（1）总体目标：让创意变得更简单，让奇迹步入每一家。

（2）现阶段目标：寻找合适自己网店的品牌，寻找货源（前提是质量要有保证），慢慢深入了解市场后，开发自己的客户，等做熟后开始开发属于我们自己的产品与品牌。

（3）进度安排：①进行市场调查，了解市场情况；②寻找货源，并尽快确定所要代理的品牌；③在淘宝网上开店，展开线上与线下相结合的办法，两种途径齐头并进，通过各种营销手段开发客户；④将网店做大做强，并开发自己的产品和品牌。

4.3 营销策略

决定网店成败的关键是流量和转化率，而这两个数据是由推广和营销来决定的。所以我们创业的成败也极大地取决于我们是如何进行推广营销的。

4.3.1 线下促销

由于我们这个创业群体也处于目标群体的交际圈，所以我们在线下促销这块很有优势。我们可以利用自身的人脉关系、学校宣传栏等进行宣传。对学校或周边的年轻白领等，我们提供免费送货上门，并且三天无条件退货等服务。

4.3.2 差异化战略

① 我们的某一个或某几个商品一定要有自己的特色，其创意或是其他附属部分应是别人所没有的。

② 在价格上，我们走低价策略，虽然很多年轻人并不太在乎价格的多少，但是穷人还是占大多数。所以我们选择目标人群最多的中低档路线，并且这也符合我们的最终理念"让创意变得更简单，让奇迹步入每一家"。

4.3.3 网店策划

① 网店商品的品牌及质量一定要有保证。

② 商品的展示一定要真实。

③ 在尽可能真实的情况下，利用拍摄技巧将商品摆放在视觉的最佳位置。

④ 在发布商品上，也有很多营销技巧。

⑤ 店面装修的优化。

⑥ 产品结构优化。

4.3.4 利用淘宝的各种工具展开营销

① 使用淘宝直通车。

② 利用淘客推广。

③ 充分利用好阿里旺旺。

4.3.5 店铺促销活动

4.3.6 温馨服务

4.3.7 论坛营销

4.3.8 博客营销

五、营销效果预测与分析

我们创业的优势很明显，一是创业团队同时也是产品的目标客户群，因此我们更加能了解目标顾客所需要什么，他们对产品的要求等；二是我们是电子商务专业的学生，通过以往课程的学习，我们对各种营销手段、开网店的注意事项、技巧等都十分熟悉，我们知道该如何经营好一个网店。我们有一个明确的目标、有一个正确的方法，因此，经过一段时间的锤炼，我们的网店一定会在淘宝上立于不败之地。

但是在此之前，我们会遇到无数的困难。由于我们是刚开始创业，没有足够多的资金，也没有能让人信服的信誉，货源也是依靠代理，没有自己独立的品牌。我们这个行业竞争很激烈，而且在淘宝上已经产生了一些知名的淘品牌，也就是我们的主要竞争对手，他们相对已经比较成熟，而且知名度高，设计新颖，信誉好。因此我们的劣势也是很明显的。

此外，我们虽然了解很多有效的营销手段，但它们都需要时间的检验，才会产生一定的效果。

因此，在我们开始创业的前期（开始的前3个月），网店经营会十分艰难，订单会很少，远远不够支付我们日常在推广上的投入资金。我们必须斗志昂扬地共同走过开始这段最艰难的日子。之后的4个月，我们的网店会因为以往客户的购买经验，而使我们在质量、服务上的口碑越来越好，再加上我们不断地推广店铺，我们的销量会逐渐增加，逐渐达到收支平衡。等这7个月过去后，通过我们在各方面的努力，我们的店铺会慢慢开始盈利，逐渐向我们的目标发展。

六、经营成本预估

由于是学生一起创业，所以我们的启动资金比较少，我们必须把每一分钱用在刀刃上，充分发挥每一分钱的价值。

（1）由于我们是以网店起步的，而且日常工作也是在寝室等自己居住的地方进行（没有专门的办公地点是为了尽量节约资金，以放在产品质量、店铺推广上），因此我们在实体店铺、办公室、水电等地方没有花销。

（2）由于使用淘宝直通车，所以我们预计在淘宝直通车上的花费为平均每天60元。由于刚开业，对顾客的吸引力相对较小，所以在淘宝客这一块，我们的投入会相对较小，平均一周100元。

（3）由于是代理商品，所以我们会在代理这块有一定的投资。

（4）由于专业美工设计能力并不强，为了我们的网店能有一个好的效果，我们预计会花钱请人来专门为我们设计店铺。

（5）在淘宝上如果参加一些大型活动，很多都是收费的，因此我们在参加活动上会有不少的支出，具体花费由参加的活动而定，预计平均每月3 000元。

七、风险预测与应对

7.1 产品质量问题

我们做的品牌代理，无论是什么品牌，他们生产的产品难免会有一两个出现质量问题，如果那一两个质量问题正好出现在我的几笔单子中，当顾客欢天喜地地在我们店铺买东西，结果等到的却是一批有质量问题的商品，那么此时，无论我们无偿退货还是作出一定补偿，都无法弥补顾客的失落心情。此时很可能会导致顾客不再光临我们店铺。如果事情处理不恰当，更可能会让顾客误以为我们的东西本来就质量不好，或是欺骗顾客。

针对这种情况，我们的处理办法如下。

（1）当我们获得一份订单后，去上级代理订货后要求对方将货发送到我们的办公地点，商品经过我们认真检验后再发送给顾客。

（2）若还是有商品存在质量问题则无偿退货，并对顾客进行一定的补偿。

7.2 发货时间

由于我们不会使上级代理直接将货物发送到顾客手中，因此运输就相应多了个环节，其所需的运输时间就会增加。如果有顾客对收货时间有特殊要求，需要我们尽快送到，那么我们之间就会发生一定的分歧。

解决办法：耐心向顾客解释我们发货时间长是为了保障顾客的权益、保障产品的质量，如果顾客一定要短时间内收货，那么出现质量问题，我们会做出一定的补偿，希望顾客理解。

7.3 恶意竞争

由于我们的无偿退货政策，以及淘宝直通车（如果恶意多次进入店铺，我们就会多很多花费），所以会有一些漏洞使我们的竞争者可以利用，并且恶意扰乱我们的正常营业。

对此，当我们发现苗头时，我们会持续关注恶意扰乱店铺的 ID，当掌握证据后，则向淘宝举报。

八、项目小结

我们的创业计划目前还处于计划阶段，还没有经过实践的检验，因此其中的漏洞一定很多，甚至会有一些不符合实际情况的规划。这份计划书会始终作为我们创业途中的规范，并在实践中不断改善这份计划。

相信经过我们的努力，我们一定会实现我们的目标"让创意变得更简单，让奇迹步入每一家"！

5

▶▶▶ 大学生创业起步

第一节 大学生创业的一般流程

一、大学生创业的一般流程

创业不易，大学生创业更不如想象得那么简单。创业有一定的流程，需要全方位考虑，不管是前期准备还是开张营业都不易。下面就介绍具体的创业流程。

1. 组织优势互补的团队

选配具有一定的专业知识或基本素质，能充分胜任技术工作的人才。同时，人员还要有能充当一定角色的能力，如生产技术人员、财务管理和会计人员、公关人员、流通控制和销售人员。选配人员时，一定要考虑到自己公司的创意特点，考虑到自己的整体策略。选配人员时要注意整体的协调一致，即"合得来"。

2. 充分的市场调查

市场调查是创业相当重要的一环。市场调查主要是寻找目标市场可能的商机，为自己进入该商业领域提供定性定量依据。一个好的市场调查，要可信、可靠，它是投资的"眼睛"，能够帮助确定市场定位和产品价格。

创业者进行市场调研和产品研究，并围绕它产生业务构想。因此，调查报告一定要经得起推敲；经过调查，不仅要对市场有所了解，还要能够了解到自己的竞争对手的状况。现在创业或者兴办企业一点不做市场调查的创业者越来越少，关键是市场调查的质量和方法，对市场调查的深浅程度的把握。有的人舍得花大价钱请专业市场调查公司来做，有的人则是自己走马观花看一看而已，这样，市场调查的效果就完全不同。

3. 确定公司名称

给公司命名不是一件草率的事，也有许多讲究与艺术。第一，你必须喜欢；第二，要给人以正确的印象，不应对外界产生误导；第三，应充满乐观向上、积极进取的精神；第四，应易于员工接受和喜爱；第五，字数不宜太多；第六，易于读写，不要用生僻、令人费解的字，应鲜明、朗朗上口；第七，要独树一帜，不要人云亦云；第八，不要过于专业化，应保持合理的弹性和余地，如"××无线电元件公司"和"××二极管公司"绝不是等同的概念；第九，要适合目标公众的口味。

4. 聘请顾问律师

新公司的创立经常要接触到许多法律和制度方面的问题，非专业人员很难掌握那么多的法律知识，因而需要顾问律师正确的建议。

5. 筹集原始资金

无论是股东集资、银行贷款、对外举债还是个人资产，都必须考虑大笔资金的到位问题。

6. 专业运行

一旦所筹的资金到位后，所选定的人员就要从"业余状态"转入"专业状态"，开始全天候的筹备工作。

7. 筹办、注册经济实体

在寻找企业落户场所之后，就可以注册独立的经济实体。完整的注册企业的程序包括准备经营场地、开具有关房产证明、企业名称登记、领取并填写工商注册登记表、准备提交相关文件资料、办理有关前置审批手续、办理入资及验资手续、领取工商营业执照等。

企业在领取工商营业执照后，应在规定时间内办理如下手续：（1）企业代码登记；（2）刻公章，开银行账户；（3）国税登记；（4）地税登记；（5）统计登记；（6）行业管理登记；（7）科技企业登记；（8）各项社会保险统筹及就业证办理。

8. 涉及学校的手续办理

对于应届毕业生在自主创业中担任企业法人代表的，在其公司申请注册中，需要学校出具的证明包括：（1）就业办公室出具的应届毕业生证明；（2）公安处户证科出具的集体户口证明；（3）公安处治安科出具的无刑事犯罪纪录证明。

对于应届毕业生在自主创业中担任企业股东的，学校为其提供的证明包括：（1）就业办公室出具的应届毕业生证明；（2）公安处户证科出具的集体户口证明。

9. 各种章程的成文并引入必要的生产办公设备

成立公司的一些基本规章制度和管理办法虽然一定还很不完善，但是一个基本的运行框架是必需的。

生产办公设备注意功能实用，切忌追求高档、豪华。

10. 员工培训

对招聘的员工进行必要的岗前培训，明确技术和纪律要求。

11. 材料的采购和试产试销

选购少量原料，进行试生产，发现存在的问题；把试制品拿给专业人员和消费者，搜集反馈信息，勘探市场情况。

12. 重新确立产品设计

把生产、流通、销售中所暴露出来的问题汇总，重新审定产品的设计，一旦确认可行，则可进入下一步。

13. 正式规则

招集创业人员，制定正式的采购、生产、物流、销售和服务等一系列策略方案，这样公司便可走入运行的正轨。

🔍 拓展阅读

大学生创业需厘清三个概念

首先，好的创意不等于好的创业机会。虽然很多创业者的成功源于一个天才的创意，但是，仅有一个好的创意是远远不够的，要把一个好的创意变成一个具有可操作性的创业实施方案并加以正确的实施，不仅有大量的工作要做，还受到市场、技术、资金、团队等多方因素的制约，要经受是否具有可实现性或者可操作性的考验。

其次，社会需求不等于市场需求。当我们进行市场调研的时候，调查结论认为有市场需求的产品在实际的销售过程中却没有销量，根本原因就是只调查到了社会需求，没有调查到市场需求的层面。因为人们想要的东西很多，但是，是否肯花钱买、什么时候能买却是一个未知数。

最后，高新技术不等于高品质更不等于高利润。有些创业者，尤其是一些大学生朋友喜欢寻找一些高新项目进行创业，更容易被一些高新技术的概念所迷惑。其实，一项高新技术具有投资价值的前提，是它必须能够连闯三关：质量关——他们看到了实验室样品，却没有想到在实际生产中，可能根本无法做出符合质量要求的产品；成本关——具有合理成本才会有合理利润；市场关——无论是否是高新技术，只要产品没有市场，就不具有投资价值。

（资料来源：北京劳动就业，北京本地宝网站。）

二、大学生创业的注意事项

大学生在进行创业之前，面临的首要问题是对于某一领域行业知识的缺乏。因此，大学生创业应该注意以下几点。

（一）创业要经验，也要以适度创新为原则

大学生长期待在校园里，对社会缺乏了解，特别在市场开拓、企业运营上，很容易陷入眼高手低、纸上谈兵的误区。因此，大学生创业前要做好充分的准备，一方面，去企业打工或实习积累相关的管理和营销经验；另一方面，积极参加创业培训，积累创业知识，接受专业指导，提高创业成功率。

对于大学生创业者，可以在大学区域形成优势技术或者产业集群，并且以江浙一带的板块经济为模板，最好专注于产业链的一部分，这样更利于创业的成功。

（二）充分利用原生态技术成果和技术交易市场

用智力换资本，这是大学生创业的特色之路。一些风险投资家往往就因为看中大学生所掌握的先进技术，而愿意对其创业计划进行资助。因此，打算在高科技领域创业的大学生，一定要注意技术创新，开发具有自己独立知识产权的产品，吸引投资商。

另外，一些发明狂人只是因为发明而发明，缺乏市场的知识，性格也比较孤僻，但是其发明具有重大市场价值，因此值得关注和引进。

值得注意的是，技术交易市场中也会有关于产品的发现，以及挖掘失败专利的金矿或者说到期的专利，可以到专利局咨询。

（三）多方利用融资渠道，进行客观的财务分析

在有了创业资金后，又要解决钱如何用的问题。大学生必须能够开发出一种盈利模式；而要想用好创业资本，大学生则必须学会分析几种基本的财务报表。财务报表是公司的财务状况、经营业绩和发展趋势的综合反映，是投资者了解企业、决定投资行为的最全面、最翔实的、往往也是最可靠的第一手资料。财务报表分析又简称财务分析，大学生在创业时，不能回避的几张财务报表是成本费用表、资产负债表、收益表和现金流量表。

现金流量表与其他两份财务报表有着极为密切的关系：收益表（记录营收和支出）以及资产负债表（记录"营运资本"账目，如应收款和应付款）。例如，假设公司某月的营收为 1 000 美元，但所有商品都是以赊账形式出售（意味着在这段时间内公司实际没有收到现金）。现在假设当月总现金支出为 750 美元。在这种情况下，收益表上会显示"利润"为 250 美元（1 000 美元总营收减去 750 美元开支）。但同时，现金流却减少了 750 美元。这是因为公司必须以现金形式支付 750 美元的费用，但却未能从客户处收到任何用以抵消费用的现金。

应收账款增加 1 000 美元，实现了账目的平衡。

另外，经营现金流反映了企业现金流动状况这一严峻的事实。其具体标准是经营现金流（与来自融资或投资收益的现金相对）代表公司主营业务产生的现金量——从本质上说是企业的核心。计算公式为

净盈余＋折旧与摊销（均为非现金费用）－资本支出（新设备等）－营运资本的变化

关于现金流，重要的一点在于投资银行家通常利用这一标准来判断企业的价值。

（四）创业能力的整合

大学生由于长期接受应试教育，不熟悉经营"游戏规则"，技术上出类拔萃，理财、营销、沟通、管理方面的能力则普遍不足。要想创业获得成功，创业者必须技术、经营两手抓，多种渠道锻炼创业能力。以创业者的资源整合能力为例，一方面，创业者要借助自身的创造性，用有限的资源创造尽可能大的价值；另一方面，更要设法获取和整合各类战略资源。具体如下。

第一，要善用资源整合技巧，即（1）要学会拼凑创业资源，通过加入一些新元素，与已有的元素重新组合，形成在资源利用方面的创新行为。例如，很多高新技术企业的创业者并不是专业科班出身，可能是出于兴趣或其他原因，对某个领域的技术略知一二，却凭借这个略知的"一二"敏锐地发现了机会，并迅速实现了相关资源的整合。（2）善于用发现的眼光，洞悉身边各种资源的属性，整合已有的资源，快速应对新情况。这也正体现了创业的不确定性特性，并考验创业者的资源整合能力。（3）步步为营，分多个阶段投入资源并在每个阶段投入最有限的资源。

第二，发挥资源杠杆效应，合理利用他人或者别的企业的资源来完成自己创业的目的。即（1）用一种资源补足另一种资源，产生更高的复合价值。（2）利用一种资源撬动和获得其他资源。其实，大公司也不只是一味地积累资源，他们更擅长资源互换，进行资源结构更新和调整，积累战略性资源，这是创业者需要学习的经验。

第三，设置合理利益机制，并借助利益机制把包括潜在的和非直接的资源提供者整合起来，借力发展。因此，整合资源需要关注有利益关系的组织或个人，要尽可能多地找到利益相关者。同时，分析清楚这些组织或个体和自己，以及自己想做的事情的利益关系，利益关系越强、越直接，整合到资源的可能性就越大，这是资源整合的基本前提。

拓展阅读

创业者需要知道的几类绩效标准

和精明的教练一样，精明的创业者同样以一系列标准来打理他们的企业。其中一些标准显而易见——如营收、毛利润率和存货价值——但还有其他许多标准却并非如此（至少并没有受到密切关注）。虽然要经营一家成功的小型企业，创业者大可不必成为华尔街的证券分析师，但无论是对日常管理还是长期规划而言，能够游刃有余地分析这些数字却有着极为重要的意义。

1. 库存周转率

存货留在企业货架上时间越长，这些资产的回报率就会越低，而这些存货的价格也更加容易下跌。这也就是你为什么希望你的存货不断流动或"周转"的原因。为了计算库存周转率，在特定的会计期内用营收除以库存平均价值，得出的比例（或周转率）越大，你的资金回报率就越高。另一种计算方法：将分子改成售出产品的成本，并用该成本除以库存，这种计算方法反映的事实是以最初采购价计算的库存值会记录在你的资产负债表中，而营收却是按当前的市值来计算。

2. 应收款增长 VS 销售额增长

不要担心应收款的增加，只要应收款是随着销售额按照比例增长就没有问题。如果应收款超过营收，表示你没有收到货款，这就意味着在你最需要现金的时候，你手头可能会没有足够的资金。

3. 及时交付

没有什么比失去客户的信任和尊重更糟糕的事情了。而当你无法遵守交付日期时，这种事情就会发生。推迟日期应加以标注并就推迟原因开展调查。这种情况也许只是偶然，但你可能再一次发现系统中的小漏洞。像关注任何其他衡量标准一样，持续对交付动向进行关注。

4. 未交付订单

这周的销售额可能不错，但90天后又会出现什么样的状况呢？关注这个有关将来的衡量标准（即已承诺订单和预测销售额，基于落实这些交易的概率权重），确保你不会陷入困境。

5. 利息偿还

无论信贷环境如何，你的企业是否能够一直获得足够的收益来偿还借款利息，这都是贷方必须要知道的事项。定义利息保障倍数的方式有许多种，但常用的一种方式就是利息和税前盈利（EBIT）除以利息支出。银行非常注重这种衡量标准，所以你也应该对其加以重视。

每个行业（以及业内企业）都有自己的一套重要衡量标准。选择能够从盈余、负债状况和现金流这三个方面来衡量绩效的标准，不断对其进行关注。需要注意的是，每个数字都有着不同的含义。只有将所有这些数字综合在一起，才能体现所有聪明的企业家追求的基本原则：诚信。

（资料来源：创业必备财务知识，百度文库。）

第二节　大学生创业准备

"凡事预则立，不预则废。言前定则不跲，事前定则不困，行前定则不疚，道前定则不穷"，《礼记·中庸》中的这句话告诉我们做事之前充分准备的重要性。哈佛大学拉克教授也讲过这样一段话："创业对大多数人而言，是一件极具诱惑的事情，同时也是一件极具挑战的事。不是人人都能成功，也并非想象中那么困难。但任何一个梦想成功的人，倘若他知道创业需要策划、技术及创意的观念，那么成功已离他不远了。"对于大学生创业而言，创业准备工作显得尤为重要。

案例解析

梦想需要准备

罗丹是一个旅游公司的导游，她一直怀有创业的梦想，但苦于没有好项目。一天，一篇关于婚庆行业蓬勃发展的报道让她眼前一亮。经过一段时间的考察，她认为婚庆市场是一个"朝阳产业"，极具发展前途。于是她找到同样怀有创业激情的大学同窗王志中，开始了他们轰轰烈烈的创业生涯。俩人迅速办理了离职手续，满怀激情地投入到了创业当中。然而，当他们真正开始筹备创业的时候，才发现困难无处不在：光是前期的办公选址就让他们大感头痛，而高昂的租金及装修费用也让他们倍感无力……最终，三个月的奔波无果之后，两人最终放弃了创业，满腔激情也化为乌有。"没想到创业如此困难，我们想得太简单了，根本就没想到还有这么多的准备工作需要完成。"罗丹无奈地说道。

案例中的罗丹两人并不缺乏创业的意识和激情，但他们依然尝到了失败的苦果。正如罗丹最后所说，创业不仅需要心理上的准备，还需要其他各项准备，不仅需要激情和梦想，更要去寻找市场、分析机会、筹备资金、利用资源，等等。本节将为大家具体讲述创业前都需要完成哪些准备工作。

（资料来源：作者根据网络资料整理改写。）

关于创业的相关准备工作，创业者不妨从以下五个方面来考虑。

一、创业心理准备

一些成功者从谋生到创业的历程，都充满了艰辛和坎坷，甚至有时候到了山穷水尽的地步。亚洲巨富李嘉诚从茶楼跑堂和推销员干起，历尽艰辛，在他自立门户创立长江塑胶厂之初，曾遇到客户退货、产品积压、工厂面临倒闭的危险，他硬是凭着顽强的毅力坚持下来，成就了今天的伟业。靠4 000元钱起家的史玉柱，从巨人汉卡到巨人大厦，从脑白金到黄金搭档，是具有传奇色彩的创业者之一。他曾在5年时间内，跻身中国财富榜第8位。他也是无数企业家引以为戒的失败典型——曾经一夜之间负债2.5亿元，而后东山再起，再次创业成为一个保健巨鳄、网游新锐，成为身家数十亿元的大企业家。

事业的跌宕起伏、世间的是非议论，并没有缩短他们事业道路的长度，反而成就了他们人生的高度。无数个创业者从失败走向成功的案例告诉我们，谋生与创业都很艰难，充满各种危机和困难，如果没有坚强的意志、良好的心理素质，只能在困难面前束手无策、接受失败，导致前功尽弃，更甚者会从此消沉下去。创业者在创业之初，要有以下几种心理准备。

1. 胆识

创业之前要有一定的胆识，善于捕捉新生事物。要勇于尝试新生事物，紧紧把握新生市场脉搏。即使没有十足的把握，也要敢于去冒险尝试。

2. 自信

自信是一个人成就事业的基础。对于初创业者来说，要坚信"人定胜天"，相信自己能够利用合理因素，能够战胜不利因素，最终获得成功。

3. 清晰、睿智的头脑

对自己的创业目标要有一个科学的规划，自己的每一步行动都要经过仔细慎重的考虑。洞悉自己的长处与不足，清楚自己能做什么，能做到什么程度。自身的长处要善于发挥，着眼点要立足于未来，对未来要有科学的预测和准确的判断。

4. 主见

要善于和其他人合作，要学会接纳别人的不同意见。自己的正确意见要坚持，不为他人的引诱所动摇。

5. 树立远大目标

要善于将人力、物力及心血投入到实现更远大的目标中去，以求创造奇迹。

6. 热情积极地对待创业

将浓厚的兴趣和热情投入到创业中去，不能被困难和挫折吓倒。用恒心和毅力作为精神支撑，很好地发挥自己的能力。

7. 有爱心、同情心

要将一颗博大真诚的爱心投入创业中去，待人以善，让每个人都感受到阳光般的温暖。

8. 永不言弃

既然选择了创业，就要有"十年磨一剑"的毅力，不能惧怕眼前的挫折与失败。人生没有永远的失败，也没有战胜不了的困难。个人只要有信心、勇气和不屈不挠的精神，以积极的态度去迎接挑战，就能渡过创业的难关最终取得辉煌。

总之，对于创业者来说，不论创业做什么，都可能会遇到困难和挫折，可能出现意想不到的问题，一定要有充分的心理准备。既不能被创业过程中取得的种种荣誉冲昏头脑，也不能被创业道路中的艰难险阻吓得萎靡不振。"不管风吹浪打，胜似闲庭信步"，拥有良好的心态，就能迈上成功创业的阶梯。

二、创业知识准备

"商场如战场"，创业作为一种商业活动，不论干哪一行，创业者都要具备一定的商业知识和经营之道。没有丰富的商业知识和经营之道，就难以把握商机，甚至开展不了业务。试想一个人不懂食品卫生知识，怎么能办起餐饮酒店？不懂交通法规和营运知识，怎么能开好出租车、搞个体运输？不懂商品成本、利润、批发、零售等基本知识，怎么能干好经营销售业务？不懂工商税务知识，怎么能做到合法经营依法纳税呢？不懂历史和旅游知识，怎么能做好导游？所以说，准备必要的商务知识和专业知识，是自主创业的重要一课。

创业者应具备的基本商业知识，从注册成立、市场营销、财务会计、生产管理，乃至成功上市，或者破产倒闭，涉及方方面面。虽然创业者不一定都是经济学家，但是不具备这些基础的商业知识，创业活动寸步难行。

（一）注册登记知识

注册登记主要包括有关私营及合伙企业、有限公司的法律法规；怎样申请开业登记；怎样办理税务登记；银行开户程序和有关结算规定；怎样获得税收减征免征待遇；国家对偷漏税等违反行为有哪些制裁措施；增值税率及计征方法；工商管理部门怎样进行经济检查；行业管理部门如何进行行业管理和检查，等等。

（二）市场营销知识

市场营销知识主要包括市场预测与调查知识；消费者心理、特点和特征知识；定价知识和策略；产品知识；销售渠道和方式知识；营销管理知识，等等。

（三） 仓储物流知识

仓储物流知识主要包括批发、零售知识；货物种类、质量和有关计量知识；物流运输知识；货物保管贮存知识；真假货物识别知识，等等。

（四） 财务会计知识

财务会计知识主要包括货币金融知识；信用及资金筹措知识；资金核算及记账知识；证券、信托及投资知识；财务会计基本知识；外汇知识，等等。

另外，创业者应具备的基本商业知识还包括经济法相关常识、劳动用工及社会保障知识、公关及商业交际基本知识，等等。这些知识可以通过专业培训、就业指导咨询、广播电视媒体讲座、自学或向别人请教等多种方式获得。对于创业者而言，可以边创业边学习，做"学习型创业者"，带着问题学，学以致用，逐渐了解和掌握需要的知识。

三、创业技能准备

机遇只会垂青那些有准备的人。创业的准备不仅包括心理上、知识上的准备，还需要创业技能上的准备。中国火炬创业导师、南开大学创业管理研究中心主任张玉利指出，我国目前的创业活动很活跃，人们的创业欲望也很强烈，但是创业技能偏低成为制约创业者成功的一大重要因素；清华大学经济管理学院教授、中国创业研究中心主任高建认为，大学生的创业能力不足，有50%的大学生认为自己"具备创办企业的技能和经验"是一种没有创业的事前主观评价，是对自身创业能力的一种高估。初入市场的创业者，或许并不具备全面的创业技能，但是创业者本人必须要有不断提高自身技能的自觉性和实际行动，才能最终创业成功。

（一） 创新能力

美国苹果公司前首席执行官乔布斯生前曾这样说：领袖和跟风者的区别就

在于创新。对于创业企业来说，创新永远是获取机会的唯一源头，更是企业发展成长的不竭动力。创新能力，可以说是创业者、创业企业应该首要具备的能力。根据经济学家约瑟夫·熊彼特的定义，创业者是一个愿意并且可以将一个新想法或者创新点，转化成为一个成功的创新的人。虽然没有人能够真正定义出创业家的特殊个性，但是不可否认的是，创业家的成功就在于离开了自己的安乐窝，勇于做第一个吃螃蟹的人。无论是国内的"开心农场"，还是芬兰人设计出的"愤怒的小鸟"，都充分体现了强大的创新能力。

（二）人际交往能力

事实上，一切创业活动都离不开人际关系的支持。美国有句流行语：一个人能否成功，不在于他知道什么，而在于他认识谁。斯坦福研究中心一份调查报告的结论更能证明人际交往对成功的重要性：一个人赚的钱，12.5%依赖其掌握的知识，87.5%依赖其人际关系网，这足以说明人际关系的重要作用，特别对于新生企业，人际关系显得更为重要。对于大多数成功人士来讲，谁都不能否认人际关系在他事业中起到的作用，他们的成功得益于领导、老乡、同学、同事、亲戚、老板的帮助。

（三）判断决策能力

创业的过程，就是个不断做决策的过程。做决策，对于企业家和各级主管们来说几乎是每一天都必须要面对的，正确的决策会让你变被动为主动、从不利走向有利、从失败走向胜利；反之则会使事情变得无法收拾，甚至令你和你的企业走向失败和灭亡。好的决策者总是在不断地寻找各种可能的方案，不要只做"要"或"不要"的抉择，而要做"1""2""3""4""5"等更多方案的抉择。而且，在根据理性的逻辑分析与直觉预感作出决定后，必须立刻执行。

（四）信息沟通能力

要成为一个真正成功的企业家，一定要学会把自己的想法梳理得很有逻辑，用很清晰的语言表达出来。因为投资人有一个基本判断，创业者口才可以不好，但反复讲都说不清楚，说明他对这件事本身就不清楚。只有通过信息传递后让每个人都完全理解，并使问题得到了解决，才是真正的有效沟通。例如，A委托B去买饮料，并告知品牌、价格、容量；A应该询问B是否完全理解需求，B可以询问一些额外的信息，如哪里能买到、数量、断货的话备选饮料是什么，附加信息都是参数、需求，信息越充分，误差就越小。或者在提出请求或寻求援助时，必须通过清楚的一句话表达出问题是什么、有多重要、多长时间完成、可能产生的结果是什么，等等。

（五）执行能力

成功的创业，固然需要良好的创意，但卓越的执行能力和应对环境变化的能力更为重要。有人说过，三流的创意加上一流的执行力，能够超过一个用一流创意加上三流的执行力的公司。在变化剧烈的市场中，创业机会是稍纵即逝的。创业成功的人从想法到行动的间隔非常短，想到就做。诚然，他们也不是天才，并不是每个决策都是对的。但是，做了就会有经验，有经验就可以改进，只会思考而不执行，能够成就什么事业呢？不断试错，快速改进，就是实实在在的创业之道。"纸上得来终觉浅，绝知此事要躬行"，作为创业者，你必须具有相当的执行力将你的想法变为实际行动。

（六）学习能力

美国《财富》杂志指出："未来最成功的公司，将是那些基于学习型组织的公司。"壳牌石油公司企划总监德格认为："唯一持久的竞争优势，或许是具备比你的竞争对手学习得更快的能力。"无论你是什么专业，拥有什么样的学术背景，只要培养出良好的学习能力，随时都有可能脱颖而出。现代社会快速发展，新的思想、概念、工具层出不穷，这就要求创业者必须对决策进行反省，并用开放的态度广泛地学习。与此同时，整个团队、组织也要逐渐向开放的学习型组织转变。对于大学生创业者而言，只有利用大学四年的黄金时间学习一些真正的知识，拓宽知识面，才能使自己在未来的创业活动中更有竞争力。

四、创业资金准备

有些项目不需资金或仅需少量资金，但你拥有的资金越多，可选择余地就越大，成功的机会也就越多。因此，首先要有必要的准备资金。如果没有资金，一切就无从谈起。资金的来源可以通过各种渠道筹划，如自有资金、集资、贷款，以及与别人合伙等。启动资金越充足越好，这是因为经营启动后可能会遇到资金周转困难的情况。特别是刚开始经商时，这种可能性更大，而大学生边经营边筹划资金的能力，又远不如已经有一定根基的商人。如果准备资金不到位，就可能因一笔微不足道的资金弄垮你刚刚起步的事业。因此，要充分考虑开业资金的筹措，适时、适量、适度地储备和使用，做资金使用的统筹安排，力求把风险降到最低程度。

将自己的动产或不动产变现是资金的主要的也是最可靠的来源。以前财主们将钱放在家中，甚至藏于地窖，唯恐外露。如今，人们把钱存入银行，变成存款，取得利息。而在经营者眼里，单吃利息钱的增值太慢，钱要变成资本，资本就能迅速增值。资本只有在运动中才能增值，投放到生产、流通领域的资金才能盈利。资本能变换价值形态，吸收人才、技术、信息、原料、设备。如果经过仔细选择寻找到合适的项目，对技术、市场等均有信心，就果断将手头的钱投资到你充分论证、选择的项目中去。但有一点应该注意，要留一些备用金，以防不测，俗话说：鸡蛋不能放在一个篮子里面，你可以留一部分钱购买国债和储蓄，以备家庭生活和生意上急用，也可以使你能坦然处事。

对于大学生创业而言，资金准备往往成为创业成功与否的关键。一项调查显示，有四成大学生认为"资金是创业的最大困难"。的确，巧妇难为无米之炊，没有资金，再好的创意也难以转化为现实的生产力。因此，资金是大学生创业要翻越的一座山。大学生要开拓思路，多渠道融资，除了银行贷款、自筹资金、民间借贷等传统途径外，还可充分利用风险投资、天使投资、创业基金等融资渠道。

拓展阅读

创业资金筹集技巧

1. 靠良好的信用说服别人

良好的信用和经营信誉是创业者的无价之宝，凭着它，可以有效地说服别人为你的创业提供各种方便条件。

2. 加盟大公司的连锁经营

俗话说，背靠大树好乘凉。有许多大公司为了扩大市场份额，正纷纷选择连锁经营的方式来扩充自己，为了有效而快速地扩大连锁经营的覆盖面，他们广泛吸收个体业主加盟经营。为此，他们常常会推出一系列优惠待遇给加盟者，这些优惠待遇或是免收费用，或是赠送设备等，虽然不是直接的资金扶持，但对缺乏资金的创业者来说，等于获得了一笔难得的资金。

3. 接手亏损企业变现

在经营活动中，经常会出现一些亏损企业，这些亏损企业你可以接手过来，然后作为抵押物向银行贷款变现而获得创业资金。当然，这种筹资方法风险比较大，获得创业资金的代价是要承担一大笔债务。但是，创业本来就是风险和机遇并存的，如果你有足够的胆识和能力，那么，这种融资的办法将能帮助你在更短的时间内更快地走向成功。

4. 争取免费创业场所

创业离不开理想的场所，而创业之初的很大一笔投资就是用来支付房租的。因此，只要你能转换一下脑筋，想办法获得一处免费的创业场所，那就相当于得到了一笔可观的创业资金。

5. 争取创业贷款

一般人总认为，要向银行贷款必须自己提供担保或者抵押，其实情况并非都是如此。现在有的银行为了拓展信贷业务，充分考虑了创业者寻找担保的实际困难，纷纷主动寻找担保方，为有意创业的人提供免担保贷款。

6. 争取政策性扶持资金

作为调节产业导向的有效手段，各地政府部门每年都会拿出一些扶持资金，例如近年来杭州市提出建设"天堂硅谷"，把发展高科技作为重点工程来抓，与之相配套的措施是杭州市及各区县均建立了"孵化基地"，为有发展前途的高科技人才提供免费的创业园地，并拨出数目相当可观的扶持资金。假如你是高科技人才，不妨争取这样的政策性扶持，一旦成功，资金问题就会迎刃而解。

（资料来源：CNKI 学问网。）

五、其他创业硬件准备

创业活动总离不开一定的场地，场地选得好，能使你如鱼得水，生意兴隆。选一个较好的场地，考虑的因素很多，从自身的经营项目及规模、地理位置、人口因素、外部环境，到公众形象、气候条件等，都要仔细斟酌。而且创业项目不同，选择场地也就不同，创业者要重点考虑经营项目的特点、经营场地周围人口的消费能力、分布状况、交通通信条件等。创业项目多种多样，有的宜热闹繁荣、有的宜安静典雅、有的应避灰尘、有的应防噪声。

场地选择还要注意不一定都选人口稠密区，也不可能全部选在人口稠密区。许多行业在择址时有很强的针对性，比如城市中心、车站机场的人口流量大、综合购买力强，一般宜开设大、中型百货商店、饮食店、娱乐厅等；在靠近居民住宅区的地方，则应以方便群众生活的经营项目为主，开设副食品、日用杂品、医药品、普通服装鞋帽等类型的中小型商店；机关团体、学校所在地，则比较适宜经营图书、文具、体育用品、大众文化娱乐及经营快餐等。

场地选好后要进行布置和门面装潢。其目的一是要吸引路人注意和顾客的兴趣；二要便于开展业务。门面如同一个人的外表，要有自己的特色和风格，要和你所开展的业务相关联。在装潢布置中，要注意两种倾向：一种是为了突出特点、吸引公众注意而盲目追求豪华怪异，有违大众审美观或民族感情，如有的店铺用外国国旗或图案装饰外形，有的取名荒诞怪异，引起公众不解或反感，结果适得其反；另一种倾向则是对装修和布置不重视，认为只要"里子"好、产品好、服务好就行了，"面子"装不装饰无所谓，舍不得花钱和精力去布置，结果门庭冷落，少有人问津。

另外，即使选择在家工作挣钱的业务，也必须准备诸如电话、传真、电脑、维修工具、交通工具等挣钱的基本硬件。这些东西可根据自己的经济条件和业务需要逐步添置，这里不一一赘述。

第三节　大学生创业的法律流程

守法是最基本的游戏规则，在加强依法治国的今天，我们生活在一个巨大的法律环境中，法律规范已涉及我们生活的方方面面，大学生创业领域也不例外。创办企业需要按照合法的程序，办理相关的合法手续，才能受到法律的保护。否则，初创企业会四处碰壁，步履维艰。

一、企业的法律形式

企业的法律形态，简单地说，即企业的法律形式、社会面目——按照法律规定，我们可以选择什么样的投资方式、组建什么形式的企业。不同法律形态的企业承担不同的法律责任，也受成立条件的限制。

我国企业的形式大体上有有限责任公司、股份有限公司、中外合资企业、中外合作企业、外商独资企业、合伙企业、个体工商户、农村承包经营户等。我们应当根据自己的经济实力及其他有关情况，决定自己创办企业的形式。

不同的企业法律形态其特点也各不相同，我们只有详细了解其特点，才能为选择企业的法律形态做好充分的准备。

（一）个体工商户

个体工商户业主只需一个人或一个家庭，人数上没有过多限制，注册资本也无数量限制，开办手续比较简单。业主只需要有相应的经营资金和经营场所，到工商部门办理登记手续即可；个体工商户还可以根据自己的需要起字号。在经营上，由于全部资产属于自己所有，决策程序比较简单，不受他人制约；利润分配上，全部利润归自己或家庭，但同时对外要承担无限责任，相应的风险也比较大。

（二）个人独资企业

个人独资企业在业主数量与注册资金上与个体工商户相似，但设立手续比个体工商户要复杂，需要有合法的企业名称、有投资人申报的出资、有固定的生产经营场所和必要的生产经营条件及必要的从业人员。在经营决策与利润分配上与个体工商户相似，决策程序简单。利润归投资人，但同时负无限责任。

（三）合伙企业

合伙企业需要两个或两个以上的人合伙，无资本数量限制。成立条件较为复杂，需要两个以上的合伙人订立书面合伙协议，有合伙人的实际出资、合伙企业的名称、经营场所和从事合伙经营的必要条件。合伙企业的合伙人要依照合伙协议共同经营、共享利益、共担风险，各合伙人按照协议分配利润，同时要对合伙债务负无限连带责任，这种责任可以说是最重的。

（四）有限责任公司

有限责任公司需要由两个以上五十个以下的股东组成，注册资金根据从事不同的行业而有所不同。具体来说，从事科技咨询服务行业的，最低注册资金为10万元；从事零售行业的，最低注册资金为30万元；从事批发性商业及生产性行业的，最低注册资金为50万元，法律对其最高注册资金未作限制。同时，有限责任公司还需要股东共同制定公司的章程、建立符合要求的组织机构、有固定的经营场所和必要的生产经营条件，还应设立股东会、董事会和监事会，并由董事会聘请职业经理管理公司事务，办理开业登记的手续也较为复杂。但有限责任公司的优点是股东按出资比例分配利润，并以出资额为限承担有限责任，对创业者而言风险最低。

（五）股份有限公司

股份有限公司又称股份公司，是指公司全部资本分为等额股份，股东以其所认购的股份对公司承担责任，公司以其全部资产对公司债务承担责任的企业法人。股份公司以其股东人数的广泛性，完全的区别于其他企业法律形态。

（六）中外合作经营企业

中外合作经营企业的投资人至少包括一个中方投资者和一个外方投资者。对于这类企业，法律并没有特殊的注册资本限制，但如果是有限责任公司形式的，注册资本要按照有限责任公司的规定执行；是股份有限公司的按照股份有限公司的规定执行。需要特别注意的是，申请设立中外合作经营企业，应当将中外合作者签订的合作协议、合同、章程等文件报请国务院对外经济贸易主管部门或者国务院授权的部门和地方政府审核批准后方可。中外合作经营企业按照合作合同分配利润，并以其全部资产承担债务责任。该种企业形式在经营上设董事会或者联合管理机构，依照合作企业合同或者章程规定，决定合作企业的重大问题。中外合作企业的董事长或联合管理机构主任由中国公民或外国公民担任，副董事长或联合管理机构副主任由另外一方公民担任。

（七）中外合资经营企业

中外合资经营企业投资人至少包括一个中方投资者和一个外方投资者，这种企业形式属于有限责任公司形式，注册资本按照有限责任公司的规定执行。申请设立中外合资经营企业，应当将中外合资者签订的协议、合同、章程等文件报请国务院对外经济贸易主管部门或者国务院授权的部门和地方政府审查批准，同时要求符合有限责任公司设立条件。外方投资者的投资比例一般不低于25％。中外合资经营企业的利润分配是按出资比例进行的，同时中外双方也要以出资额为限承担有限责任。在经营上，中外合资企业设立董事会，董事会人员由投资各方协商确定，一方担任董事长的，由另外一方担任副董事长，正副总经理也由合资各方分别担任。

知识分享

企业、法人、公司的区别

1. 企业

判断一个组织是不是企业，主要分析其是否具备两个特征：第一，必须能够给社会提供服务或产品；第二，要以营利为目的，不以营利为目的的社会组织不能称之为企业。比如教会，它不是以营利为目的的，不是一个企业。

2. 法人

按照我国《民法》的规定，法人必须具备四个条件：第一，它是社会组织；第二，必须有独立的财产；第三，要有独立的法人资格；第四，要能够独立承担法律上的权利和义务，能够独立地进行起诉或应诉。法人可以分为四类：企业法人、机关团体法人、事业法人和捐献法人。

具有法人资格的企业称之为企业法人，这一概念的另一含义就是存在不具备法人资格的企业，换句话讲，并不是所有的企业都是法人。

需要强调的是，企业法人和企业法定代表人是不同的。企业法人强调的是法人，是一个社会组织，而法定代表人是自然人。比如，有人说某某企业的法人是张三，这种说法是不对的，他是法定代表人，而不是企业法人。

3. 公司

公司与企业是完全不同的概念。公司首先是按照特定的法律程序设立的一个组织，在我国必须按照《公司法》设立。目前我国《公司法》规定，公司有股份有限公司、有限责任公司、国有独资公司三种形式。其次，公司必须是法人，这是与企业的最大区别。公司一定是法人，而企业不一定是法人，公司是比企业小的一个概念。公司制度和法人制度是市场经济的两大车轮，正是这两大车轮推动着市场经济不断前进。

（资料来源：百度文库。）

二、注册成立企业的基本流程

（一）确定企业的名称

确定企业的名称是有规范和要求的。一般来说，有以下几点。

第一，企业法人必须使用独立的企业名称，不得在企业名称中包含另一个法人名称，包括不得包含另一个企业法人名称。

第二，企业名称应当使用符合国家规范的汉字，民族自治地区的企业名称可以使用本地区通用的民族文字。企业名称不得含有外国文字、汉语拼音字母、数字（不含汉字数字）。

企业名称中有下列情况的，不视为使用数字：地名中含有数字的，如"四川"等；固定词中含有数字的，如"四通"等；使用序数词的，如"第一"等。

第三，企业名称不得含有有损国家利益或社会公共利益、违背社会公共道德、不符合民族和宗教习俗的内容。

第四，企业名称不得含有违反公平竞争原则、可能对公众造成误认、可能损害他人的利益的内容。

第五，企业名称不得含有法律或行政法规禁止的内容。

第六，企业名称是企业权利和义务的载体，企业的债权、债务均体现在企业名称项下。

企业申请登记注册的企事业名称不得与其他企业变更名称未满三年的原名称相同，或者与注销登记或被吊销营业执照未满三年的企业的名称相同。

（二）选择企业地址

在企业运营地点选择方面，企业一般要遵循"四最"原则。

第一，把一次性成本降到最低；

第二，把运营成本降到最低；

第三，把潜在的风险降到最低；

第四，把机会放到最大。

拓展阅读

选择创业场地的基本原则

第一，创业场地必须要与创业项目相适应。比如，要开餐饮小店，店铺就需要卫生许可、环保许可和消防许可；开饭店的话，还需要公安治安许可；如果开办公司，可以选择商务楼或者创业园区。

第二，创业场地必须与创业方式相适应。如果是开个店售卖物品，就需要在沿街面或者商场里寻找店铺；如果是电脑维修、快递等上门服务的方式，就需要找个办公室；而从事电子商务、进行网上销售，就可以借个小一点的办公场地，以节省成本。

第三，创业场地还必须与客户群体相适应。最好要有稳定、保本的客户群体，如亲戚、同事、朋友等。如果客户是青年学生，店铺可以租在学校附近；如果客户是妇女，场地可以选在菜场附近；如果是针对老年人的社区服务，场地最好选在社区里。

第四，创业场地必须与环境商圈相适应。在特定的商圈，有着大量相近或者相关的集中商品，能形成规模效应。例如，想要从事服装批发业务，场地就可以考虑服装市场；如果想开个时尚饰品小店，可以选在时尚小街。

第五，创业场地还必须与经济承受能力相适应。创业者要根据自己的流动资金、成本来选择场地，店铺资金占到创业初期资金的 20%—30% 为宜，千万不要举债付房租，不要冒不必要的风险。

（资料来源：创业意识教育培训教材，原创力文档网。）

（三）创办企业

1. 前置审批

前置审批，是指在办理营业执照前需要先去审批的项目，也就是在查完公司名称后就要去有关部门审批，审批完后或取得相应的许可证后再去办理工商营业执照。

自 2009 年 10 月 1 日起，国务院有关部门、设区的市级以上地方人民政府及其有关部门，对其组织编制的土地利用的有关规划和区域、流域、海域的建设、开发利用规划，以及工业、农业、畜牧业、林业、能源、水利、交通、城市建设、旅游、自然资源开发的有关专项规划，应当进行环境影响评价。审批部门为县区级以上环保部门。

2. 注册

根据我国现行法律，以注册资金的最低限额为基础，个人创业可以：设立有限责任公司；申请登记个体工商户；设立个人独资企业；设立合伙企业，设立一元制公司。

（1）注册资金最低限额。

注册有限责任公司：最低注册资本 3 万元人民币。

注册个体工商户：对注册资金实行申报制，没有最低限额。

注册私营独资企业：对注册资金实行申报制，没有最低限额。

注册私营合伙企业：对注册资金实行申报制，没有最低限额。合伙人可以用货币、实物、土地使用权、知识产权或者其他财产权利出资；上述出资应当是合伙人的合法财产及财产权利。

注册一元制公司：注册资本可以低至 1 元。

（2）注册步骤。

注册个体工商户、个人独资企业和设立合伙企业的步骤如下。

① 到市工商局（或当地区、县工商局）企业登记窗口咨询，领取注册登记相关表格、资料。

② 办理名称预先核准、取得"名称预先核准通知书"。

③ 以核准的名称到银行开设临时账户，股东将入股资金划入临时账户。

④ 到有资格的会计师事务所办理验资证明。

⑤ 将备齐的注册登记资料交工商局登记窗口受理、初审。

⑥ 按约定时间到工商局领取营业执照，缴纳注册登记费。

⑦ 在相关报纸上发布公告。

注册有限责任公司的具体步骤如下。

① 核名：到工商部门领取"企业（字号）名称预先核准申请表"，填写你准备取的公司名称，可填三个备用名，由工商局上网（工商局内部网）检索是否有重名，如果没有重名，就可以使用这个名称，第二天核发一张"企业（字号）名称预先核准通知书"。

② 租房：要有房产证或居住证。租房后要签订租房合同，并让房东提供房产证的复印件。

③ 编写"公司章程"。

④ 刻法人章。

⑤ 到会计师事务所领取"银行询征函"，联系一家会计师事务所，领取一张"银行询征函"（必须是原件，会计师事务所盖章）。

⑥ 去银行开立公司验资户。

⑦ 注册公司：携带会计师事务所出具的验资报告、公司办公所在地的房产证复印件、房屋租赁合同、股东会决议、公司章程、股东和法人身份证复印件、公司设立登记提交材料表、企业名称预先核准申请书，以及不扰民保证书等相关的证件和表格到工商局办理公司注册登记手续。

⑧ 办理企业组织机构代码证和税务登记。

⑨ 申请领购发票。

⑩ 去银行开基本户。

三、如何确定企业的法律形式

创业伊始，选择什么样的公司形式尤为重要。有必要了解各种公司形式的利弊，成立这些公司的要求，以及适合于什么样的"人"来运作。

选择什么样的公司形式，是每个创业者首先面临的问题。在实际中，能供中小创业者选择的主体形式一般有以下几种：个体工商户、合伙企业、个人独资企业和有限责任公司。股份有限公司由于注册资金至少要达 1 000 万元，因此不适合中小创业者。

有限责任公司是最好的一种创业形式，法律要求的注册资金底线是 3 万元（1 人公司需要 10 万元），同时又是有限责任，也就是说，不管你公司的债务有多少，你最后承担的债务责任是公司的全部资产。如果公司资产不足 3 万，如果债务超过 3 万元，你也只承担 3 万元。

从 2006 年 1 月起新的《公司法》规定，允许 1 个股东注册有限责任公司，这种特殊的有限责任公司又称"一人有限公司"（但公司名称中不会有"一人"字样，执照上会注明"自然人独资"），最低注册资金 10 万元。如果只有你一个人作为股东，则选择一人有限公司，最低注册资金 10 万元；如果你和朋友、家人合伙投资创业，可选择普通的有限责任公司，最低注册资金 3 万元（建议你准备好注册资金 3 万元）。

确定创业企业的法律形式之前，创业者应该考虑以下几个问题。

（1）经营事业的定位。如果打算经营一般的店铺做街面零售，选择个体工商户是比较合适的。个体经营没有什么债权人，也并不需要规避经营上太多的风险，经营手段相当自主和灵活。现在有许多连锁加盟店，也可以采取这种形式。如果想做国际贸易，最好以有限公司的形式经营。

（2）经营事业的范围，也就是工商登记注册中的经营范围问题。这在公司登记注册之前，就必须想清明确的框架。如果想做汽车清洗或美容之类，选择个体工商户的形式比较合适；但如果要发展汽车美容连锁，你就最好有个公司的形式。因为市场拓展要面临很多问题，最好运作规范一点。

（3）资金实力和事业的大小。有多少钱做多大的事情，这是常识。

（4）团队组成情况、经营计划、组成人员权利责任的承担、赢利模式和回收资金的周期等因素。创业选择公司的形式并不是想象的那么简单。既要考虑这种形式下的事业发展程度有多大，还要弄清政府对各种形式的管制情况。总之，大一点的事业，最好采取有限公司的形式，既可以开始就规范运作，也能化解很多风险，至少公司债务责任的承担是有限的；其他小事业经营，可以先从个体工商户或者个人独资企业做起，慢慢做大，到应该改头换面的时候，再转换公司形式也不迟。

四、企业注册过程中的注意事项

（一）相关法律问题

在了解了应该选择什么样的公司形式后，创业者要去了解注册公司的过程中应注意哪些法律问题，以及公司登记的注册程序、注册资金最低限额、注册资金的到位和维持、各种证件的齐备、公司最低人数的要求、公司经营范围的限制等，还有审批方面的要求，如环保证、税务证等。

在公司登记注册事项中，有许多政府部门参与其中。特殊行业公司注册有特别要求，比如高科技公司就必须有科学技术委员会的核准审批；如果想经营废钢的进出口业务，就得有环保局的批准文件；如果想申请有进出口权的外贸公司，就必须向商务部门申请进出口经营。

即使是到工商局登记注册也不是一件容易的事情，有很多程序要做。一般来讲，公司登记注册程序包括两种具体程序：一是公司进行的申请登记注册程序；二是公司登记机关对公司进行的核准登记注册程序。法律、行政法规对设立公司规定必须报经审批的，在公司登记前应依法办理审批手续；公司的经营范围中属于法律、行政法规限制的，应当依法经过批准。因此，公司登记注册程序有时包括第三种程序，即设立审批程序或审批程序。

公司注册登记程序过程中，特别要注意以下两个法律问题。

（1）注册资金一定要是实缴资金，而且要一次到位。但是，经常发生有些公司注册代理经纪公司采取过账的方法虚拟出资，就是从他处借取资金到指定账户过账，以此欺骗工商登记部门，这明显是违法的。前一段时间，上海市第一中院审理上海市女富豪孙凤绢虚报注册资本一案，被告孙凤绢被判处有期徒刑

3 年。所以,创业者一定要遵守法律的规定。

(2) 公司注册资金到位后,一定不能抽逃资金用作他用,这是违法的。创业路上,甚至从创业一开始,就有许多法律规定,创业者千万不要轻信他言,小心触犯法律。创业者在选择公司形式的时候,以及在公司登记过程中,甚至以后的经营过程中,都应该了解相关的法律和政策规定,这样才能从长远上保证创业走得更远。

(二)“网店”的注册登记问题

2018 年 8 月 20 日中国互联网络信息中心发布第 42 次《中国互联网络发展状况统计报告》,报告显示,截至 2018 年 6 月,中国网民规模达到 8.02 亿人,2018 上半年新增网民数量为 2 968 万人,与 2017 年相比增长 3.8%,互联网普及率为 57.7%。在 2018 年上半年中国网络购物用户规模及占比情况中,数据显示,2018 上半年中国网络购物用户规模为 56 892 万人,与 2017 年末相比增长 3 560 万人,占整体网民比例达到 71%。2018 年上半年,我国网上零售交易额达到 40 810 亿元,同比增长 30.1%,继续保持稳健增长势头。由此可见,我国的网络购物市场已进入高速增长期,蕴涵着巨大的创业机会。

然而,“网店”的注册登记至今仍没有得到很好的解决,网店交易也尚处法律空白。为全面规范网络商品服务交易和保护消费者合法权益,国家工商总局起草的《网络商品交易及服务监管暂行办法》规定:个人在网上开店须实名注册,具备条件的还应办理工商登记注册。就税收管理而言,依据现行税法的相关规定,无论企业还是自然人,只要发生交易行为,就必须履行纳税义务,网上交易自然也不例外。

根据网店店主身份的差别,网络店主分为企业和自然人两种。网店店主是企业的,已有实体店面,且已经办理税务登记的,通过网络交易实现的销售收入,即便不开具发票,也应当作为无票收入申报纳税,否则税收风险是不言而喻的。而作为企业,如果未办理税务登记,还会面临税务行政处罚。另外,对自然人开设的网店如何进行税收征管,目前仍有待相关政策来进一步明确,不过目前实施的网店实名制并不等同于税务登记。大学生开设网店，看重的是网店比实体店具有成本低的优势，但不能想当然地认为开设网店可以不缴税。

1. 个人开网店应实名注册

各大网络平台采取的保障消费者权益措施仍带有强烈的自律色彩。国内几大电子商务巨头如淘宝等，大多实行实名注册，但中小型网络交易平台则没有做出实名注册要求，更多是依靠自律来进行诚信建设，比如淘宝网上"钻石级"卖家相当于网络中的名牌企业。"从事经营活动，办理工商登记理所当然。对电子商务的经营者进行实名制注册，将解决我国电子商务发展中存在的诚信缺陷问题。"有电子商务专家认为，"它可以规范电子商务的发展，有利于保护消费者利益。"但他同时表示，不能管得太死，限制多了会遏制电子商务的发展。比如，淘宝网网店的盈利模式就是低价微利，一笔注册登记费对店主来说也是一笔不小的负担。

2. 工商注册规定并非"一刀切"

《网络商品交易及有关服务行为管理暂行办法》规定，对暂不具备工商登记注册条件、申请进入网络交易平台销售商品或提供有关服务的个人的真实身份信息进行审查和实名注册，建立注册档案并定期核实更新；核发证明个人身份信息真实合法的标记，加载在其从事商品销售活动的网页上。

这意味着网店是否办理工商执照也将区别对待，一些交易量不高的个人卖家，如临时进行二手或闲置物品交易的，可以考虑交给交易平台企业去管理，但必须核查其真实身份信息。而对另一些大卖家，要办执照和收税，按我国现有税务法，经营型企业在网上交易应缴 17%的增值税；如只是买进卖出的店家，缴纳 4%的增值税。

案例解析

大学生网站未注册，未经授权卖产品被查

在校大学生利用课余时间进行创业本是件好事，但如果违反了法律法规就得不偿失了。日前，海口工商部门曝光一宗典型案例：几名大学生创建销售网店，因没有登记注册，又销售未经授权的商品被查处。

据了解，日前，某化妆品公司有关负责人向海口工商12315台投诉称，近段时期，他们发现海南省有个大学生创业网店，在网上发布该公司化妆品的照片并销售这些化妆品产品。而令他们奇怪的是，公司方面根本没有授权该网店销售其产品，同时公司也没有和网站有任何业务往来。

该负责人投诉说，该网店销售的该公司化妆品，价格普遍偏低，不仅冲击了正常的销售市场，而且其产品的真伪很难有保证。接到投诉后，海口工商琼山分局国兴工商所执法人员在红城湖路一个出租屋里，找到了开设这个网店的大学生。经工商人员了解，这个店是海南某高校几名在校大学生创办的，主要从事各种商品的销售。

面对工商人员的调查，几名大学生承认他们确实在网上发布了该化妆品公司部分化妆品的照片，并网上销售这些化妆品产品。此外，他们也承认没有和该公司签订过供货合同，他们的产品是通过另一个网店购买的，然后再对外出售。

工商部门指出，成立网店必须到工商机关登记注册，但该网店没有在工商部门登记；此外，其销售产品未受生产公司的委托，上述行为已涉嫌无照经营和侵权。目前，工商部门正对此案进一步调查处理。执法人员提醒准备创业的大学生们，不管采取何种方式创业，都要遵纪守法，否则就很难持久。

另外，海口地税有关负责人指出，网上开店不仅不注册属于违法行为，不纳税也属于违法行为。该负责人指出，电子商务是新兴行业，尽管我国现行税收法律法规对网上交易的税收没有专门规定，但实际上网上交易与传统的交易只是在交易的形式上存在不同，实质都是发生了交易行为，因此按照税法规定也应该纳税，否则就是违法。

> 　　无独有偶，就在前不久，上海市普陀区人民法院宣判了一起这样的案子：一位姓张的女士因在网上开店未交税费而获刑两年，缓刑两年执行，法院同时还对其处罚了相当数额的罚金。
>
> （资料来源：中国经济网。）

（三）大学生创业注册的政府优惠政策

　　当前工商部门给予大学生创业较大的优惠政策，"零首付""住宅楼里办公司"，这些以前法律不允许的行为，现在都为大学生创业开启了"绿灯"，解决了大学生前期资金困难的创业"拦路虎"，为他们挖取人生第一桶金扫清了障碍。

　　政府优惠政策针对：一是毕业两年内的高校毕业生投资设立注册资本50万元以下的有限责任公司可"零首付"注册，自公司成立之日起两年内缴足注册资本；二是对失业人员、协保人员、农村富余劳动力、毕业两年以内的高校毕业生、残疾人、城镇退役士兵从事个体经营的，自其在工商部门注册登记之日起三年内，免收管理类、登记类、证照类等有关行政事业收费。

　　大学生开办公司创业，不再局限单一的现金出资方式。大学生申办企业，工商部门将放宽对企业名称和经营范围的限制，允许使用一些新兴行业作为具体的经营范围，对大学生创业还给予了一些特殊待遇。比如，一个门牌原则上只能登记一家企业，但是大学生创业规模较小，在取得房屋权益人同意的情况下，允许多家企业共同使用一个场所开展经营活动。

　　这样宽松的创业环境对大学生创业必将起到积极作用，但大学生创业者应该认识到，完成公司注册，创业只是走出了第一步，企业能够盈利才是最重要的，大学生要考虑如何在众多创业项目中脱颖而出。

第六章

▶▶▶ **创业企业运营**

第一节　创业融资与财务管理

　　创业固然需要有周密可行的计划、过硬的技术及高效的团队，但如果没有资本，创业就只能是空谈。企业要成长、要扩展，资金是必不可少的投入因素，没有资金就举步维艰，而拥有的资金越多，可选择和可发展的空间就越大，成功的机会也就越多。而对于广大的大学生创业者而言，资金问题往往是创业成功的最大障碍之一。而获得资金后，为了企业更好地运转，创业者还应该学习一些财务管理的知识。必要的财务基础与管理知识不仅有助于创业者更好地经营企业，而且还有助于创业企业进行风险管理，通过对财务报表的熟悉与掌握还可以帮助创业者进行财务风险预警，以便把风险的苗头消灭在萌芽阶段。

一、融资概述

（一）融资的内涵

　　融资是指资金盈余方通过借贷、购买有价证券等形式把资金使用权让渡给资金短缺方，并在让渡的过程中取得相应的报酬。融资主要有两个显著的特点：一是资金所有权与使用权分离；二是资金盈余方要取得一定的利息、股息等作为让渡资金使用权的报酬。创业融资是指资金盈余方将资金的使用权让渡给创业者用于创业的一种融资方式①。

---

① 陈德智. 创业管理（第 2 版）. 北京：清华大学出版社，2007.

（二）企业不同阶段的融资特点

创业企业在不同的生命发展周期有不同的融资需求。在创业企业的发展进程中，融资者的资金需求规模和融资时机、方式存在一些变化和不同特点，同时投资者为减少投资风险也会采取多阶段的组合投资方式，因此融资者也应针对投资者的理念采取相应的多阶段融资方式，并把握各个阶段的融资特点。只有这样，才能顺利推动融资的进行，确保企业的平稳发展。

在第一阶段的"种子期"，创业者多以科技成果或创意理念为基础，构想一个产品或者服务，产品发明者或创业者需要投入一定数额的资金进行开发研究，并在市场上验证其创意理念或产品的可行性；通过对产品的检验以及对市场的分析，产品开发成功后，此时进入第二阶段的"初创期"，创业者开始着手成立创办企业并尝试进行批量生产，此时需要一定量的资金购买生产设备以及进行产品开发和市场销售，这些环节通常对资金的需求量较大，一旦资金周转出现问题，企业马上会面临夭折的风险，并且由于企业没有经营记录，也没有可以进行抵押的固定资产，因此从银行获得大量贷款的可能性比较小，当然创业期的长短也会因产品项目的不同而有所差别，通常半年到五年不等；如果创业企业初期产品上市，顺利打开市场，此时企业进入第三个发展阶段，即"发展期"，为进一步开发产品并继续扩大市场，此时企业会需要更多的资金来保持稳步发展，但如果不能准确把握发展方向盲目投入大量资金，也会因资金链断裂而导致破产，而此时由于一般中小企业还远远没有股票上市的实力，如果从金融机构进行融资，则需要创业者个人的担保，因此筹集资金依然有一定的困难；而当企业发展到一定规模，开始较为稳定持久地占领一定市场份额，出现较大盈余时，此时企业才进入发展阶段的"成熟期"，且如果企业的经营状况接近上市公司审查的要求条件，就可以开始计划在市场上公开进行资金筹措了。

纵观企业的发展周期，在创立期和发展期，融资的成功与否对于企业的发展相当重要。在创业企业的早期发展阶段，融资是帮助企业迅速正常运转、为企业的快速发展提供有力支持的重要因素之一。由于创业型企业在创业初期会存在一定时期的资金回笼"空白期",资金可能会周转不畅,这一段时间企业会出现入不敷出的情况,一旦创业者在该情境下缺乏相应的应对措施,则可能使极具市场前景和发展空间的项目就此破产。而通过及时、合理、有效的融资,能够使企业在短期内得到一笔周转资金,帮助企业顺利渡过初期发展阶段的困境,帮助企业打开市场、扩大生产。可见,融资是现代创业型企业早期快速发展的重要依仗,同时也是在发展阶段解决创业型企业发展瓶颈的关键因素,对企业发展有着重要的意义。因此,针对融资对企业生存和发展的重要性,科学研究并掌握创业企业的融资特点、方式及策略,是保障企业顺利创立,促进企业健康稳步发展的必要准备。

二、融资的路径及方法

当前社会上约有十余种融资方式可供大学生创业者借鉴选择,如银行贷款融资、股权融资、信用担保融资、民间借贷融资、专项资金融资、金融借赁融资、风险投资融资、高新技术融资等,下面我们针对几种常见的融资方式进行分析。

(一)自筹资金

自筹资金包含十分广泛,主要有创业人或是合伙创业人的自由资金、亲朋好友提供的支持资金等,是不通过第三方正式投资的融资方式。在我国,创业者在创业初期通常会过多地依赖自有资金。特别是对于一些中小企业的创业者而言,自筹资金在融资方式中所占比例最高,而且也只有拥有一定的资金才可能从外部引入资金。外部资金供给者通常会认为,如果创业者自己完全不投入资金,仅仅依靠贷款等方式从外部进行集资,那么创业者可能对企业不会尽心尽力。简单理解,即如果企业亏损了,创业者可以宣布破产,最多是资不抵债,但自身没有实质性的资金损失。曾经有一位资深的银行贷款项目负责人表示,我们要求企业家拥有足够的资金,只有这样,当企业陷入困境时,经营者才会想方设法地去挽救局面,而不是将问题丢给银行一走了之。至于自由资金的数量，外部投资者主要看的是相对数量而不是绝对数量，即创业者投入的资金占全部可用资金的比例如何。

而亲友间的资助，是一种含有情感因素的特殊融资方式，由于亲情或友情因素的存在，创业者可以在无信用记录而又不需要抵押的情况下获得借款。如果能得到亲人、朋友的支持并且具备足够的经济条件，那么创业者就能获得稳定可靠的启动资金。虽然该方法在创业初期可以在资金融通方面起着重要作用，但也有其固有的缺点，或许亲友们不愿意甚至没有能力借款，但碍于情面不得不借，甚至从别人那里借钱给创业者；或许在双方资金都紧张的时候，创业者不好再借，而亲友也不好意思催还；或许由于创业失败还会危害家庭内的亲情以及朋友间的关系；或许有的出资人会要求取得股东地位，这样就会使创业者的控制权分散，甚至有时候亲友会提出一些特权，可能会危害到企业的正常运转等。曾经有人提出过"3F融资方式"，即"Family、Friend、Fool"，也就是说靠家庭、朋友和傻瓜，这个3F资金一般仅能够把产品做出来，而将产品推向市场和要建分销网络的时候就已经没有可持续的资金了。在这种情境下的企业，银行通常不愿意向其提供贷款，而风险投资也不愿意投资，有一半以上的创业企业会在这个阶段宣告破产。所以，为了减少亲友关系在融资过程中出现问题，有必要在融资时按正当手续签订一份融资协议，以避免将来出现各种矛盾纠纷时无法妥善处理。

（二）政府财政资金扶持

我国的财政政策体现了国家对创业企业特别是高新技术企业的扶持，包括政府补贴、税收优惠、设立基金、财政担保，以及建立创新企业发展园区等多种形式。政府是科技创业资本的重要资金来源，从20世纪80年代末期开始，我国财政对科技事业的经济支持一直呈稳步上升的态势。对于高新技术企业而言，政府的资金扶持发挥着无可替代的作用。因此，无论是在创业初期，还是在企业的发展阶段，凭借国家财政资金的支持都将是一个稳定长久的融资选择。北大计算机所的所长曾表示：如果20年前没有国家"748工程"投资的1 000万，就不会有方正的今天。根据中小企业和项目的不同特点，创新基金支持方式主要有以下几种：一是无偿资助，主要用于中小企业技术创新中的产品研究、开发及中试阶段的必要补助，及科研人员携带科技成果创办企业进行成果转化的补助，资助金额一般不超过 100 万；二是具体的资金投入，对少数起点高但具有较多创新内涵、较高创新水平、预计投产以后市场广阔、有成为新兴产业的项目，会采取资本金直接注入的方式；此外还有贷款贴息政策，此方法适用于已经具有一定规模水平的创新项目，原则上采取贴息方式支持其利用银行贷款进行筹资，以扩大生产规模。

拓展阅读

中国大学生创业基金介绍

中国大学生创业基金是由中国社会福利教育基金会发起设立的一个全新的资助型公益基金。中国大学生创业基金遵照党中央"拓宽就业、择业、创业渠道，以创业带动就业"的指示精神，以"关心、扶持、资助大学生（含归国留学生）自主创业、成就梦想"为宗旨，通过承办由全国工商联、教育部、团中央发起的，统战部、人力资源和社会保障部、民政部共同主办的中国大学生"创业大讲堂"公益行动等系列活动，以"中国大学生创业基金网站"为网络平台，在网上建立"大学生创业项目数据库"，吸引优秀的创业人才、创业团队，与企业需求直接对接，为大学生创业就业提供更多机会。

中国大学生创业基金通过为捐资者设计企业社会责任与公益链结合的公益项目，为有创业梦想的大学生筹措资助资金，通过建立资本市场与大学生创业项目的良性互动机制，每年在各高校推选优秀创业项目的基础上，为大学生创业计划实施提供资金资助，缓解大学生创业资金匮乏的问题。具体特点如下。

（1）创业资助资金采取资助—扶持—成功—回报—再资助的循环方式，是一个具有造血机能的可持续发展的资助型公益基金。

（2）创业团队及项目的筛选、评审结果、资助数额、创业成功后是否兑现承诺等，都将通过网上公布等透明方式全程跟踪，以体现公开、公平、公正的原则。

（3）以捐资方命名的专款实行专项管理，以捐资方命名的资助款项的荣誉可以世代传承。

（4）允许捐资者指定高校，参与大学生创业方案的评选，全程监督方案的落地实施。

（5）协助捐资者规划设计具有针对性的企业社会责任与公益链结合的宣传方案，包括资助项目与企业产业链的结合，企业诉求与社会效益和公益效益如何实现最大化等，从而让捐资者、受助者及社会各方实现共赢。

（资料来源：百度百科。）

为了鼓励大学生自主创业，不少地方政府都设立了以支持大学生创业为目的的专项基金，如通过社会筹集资金对自主创业的高校毕业生提供奖励性资助或投资性资助等。

（三）银行贷款

银行是专门经营货币信用的特殊企业，它以一定的成本聚集了大量储户的巨额资金，然后贷放这些资金赚取利润。而银行对于企业的各种贷款，是各类企业重要的资金来源。贷款具体可分为信用贷款、抵押贷款、担保贷款、贴现贷款等形式，由于银行贷款融资具有保证稳定资金来源的特征，因此是创业融资的重要手段之一。而初创企业向银行申请贷款，无一例外都是需要提供适当的担保的，如果企业是一家个人独资企业或合伙企业，银行会要求出资人提供自己的财产情况，如果到期企业不能及时偿还所借款项及利息，银行除了要求对企业采取法律行动以外，还可以要求资方偿还该笔贷款和利息，按照《中华人民共和国担保法》的有关规定，向银行申请贷款提供的担保方式主要有保证、抵押和质押三种方式。

对于新创立的企业而言，虽然从银行获取贷款有一定的限制条件，但银行融资的优势显而易见，银行的信誉高、费用低、资金量大、风险小，而且可以直接融入货币资金。但同时银行融资也具有一定缺点，如利率高、资金使用期限短、融资规模有限、受政策性约束等；而对于大学生创业者来说，由于新创立的公司没有营销记录，也没有抵押物等，因此不易从银行获得足额贷款。但当前银行为支持创业企业也推出了一些创业贷款项目，符合条件的借款人可以根据个人的资源状况和偿还能力，最高获得单笔 50 万元的资金，一旦企业达到一定规模还可申请更多，通常期限为 1 年，最多不超过 3 年。另外，如果抵押手续符合要求，银行还对外办理个人贷款，并不过问贷款用途，因此创业者也可灵活地将个人消费贷款用于创业；如果创业需要购置商业店铺房屋，可以用拟购房作为抵押，向银行申请商用房贷款，贷款期限通常最长不超过 10 年；因创业需要购置的车辆可以办理汽车消费贷款，其贷款一般不超过购车款的 80%，贷款期限最长不超过 5 年。

知 识 分 享

银行主要贷款类型

信用贷款： 指根据借款人的信用发放的贷款。

保证贷款： 指以第三人承诺的借款人不能归还贷款时，按约定承担一半责任或连带责任为前提而发放的贷款。

抵押贷款： 指以借款人或第三人的财产作为抵押物而发放的贷款。

质押贷款： 指以借款人或第三人的动产或权利作为质押物而发放的贷款。

票据贴现： 指贷款人以购买借款人未到期商业票据的方式发放的贷款，与普通银行贷款有些微区别：票据贴现的利息是预先扣除的，并且期限较短，通常为 6 个月，到期后由票据承兑人清偿，利率通常低于同期银行的利率水平，不是普通的借贷关系而是票据转让关系。

贴息贷款： 指借款人从商业银行获得贷款的利息由政府有关机构或民间组织全额或部分承担，借款人只需要按照协议归还本金或少部分的利息即可，这种方式实质上就是政府或民间组织对借款人的鼓励或支持。为了扶持大学生创业，部分地方政府已经实施了这种优惠政策。

（资料来源：中国人民银行贷款通则，个人图书馆。）

（四）风险投资

风险投资是指一些专门的风险投资机构为创业企业提供风险资本的行为，资金来源主要包括小企业投资公司、个体投资者、投资银行及其他金融机构、大公司的风险投资机构等。目前，风险投资可能是最富有争议和最难以理解的融资形式，极少有企业能够满足风险投资公司所设定的极高预期。风险投资公司是一个专业机构，一般而言，专业的投资机构不太愿意投资早期项目，一是风险大，二是虽然投资额度小但同样需要耗费专业投资者去做调查和管理，成本相对较高。风险投资公司通常仅考虑预期内有高速成长和自己能够以丰厚回报方式退出的企业。对创新企业的投资蕴含巨大的风险，所以投资公司会对新创业企业的贷款索取 20%—40% 的高额利息。对于创业者而言，首次融资不应该考虑风险投资公司，因为他们对新企业通常不感兴趣，除非创业企业能证明自己具有足够的潜力和广阔的市场。

当然，如果大学生的创业项目正处于风险投资公司认真考虑的范围之内，那么创业者就要积极地做好充足的准备，制作出完善、可行、具有诱惑力的商业计划书，以此获得风险投资。而在中国发展风险或创业投资，将是中国高科技产业走向未来、走向成功的必经之路，中国风投事业今后的发展也会呈现如下态势：在不断深化认识的基础上规范制度，随着中小高新技术企业推行期权制，技术资本化进程也将进一步加速，企业知识产权保护方面也会有所加强，一批专业风险投资咨询及管理公司将快速涌现，专业创业投资人才的培养也将提上议程。

（五）其他融资方式

1. 企业投资及外商投资

企业在生产经营中往往会形成暂时闲置的资金，有些企业为了提高资金的利用效率会进行战略性的投资，或考虑对新创业企业进行投资，或考虑对科技成果转化提供资金支持，抑或与其他机构联合设立创业投资基金，这也是创业企业的重要资金来源之一。而外商资金主要是指外国投资者以及我国香港、澳门和台湾地区投资者的资金，我国自改革开放以来就开始大量引入外资，外商资金已经成为我国创业企业融资的重要来源。而外商投资不仅可以引进资本，有时还可以引进国外创业投资管理经验。

2. 非银行金融机构资金

非金融机构主要有信托投资公司、信用合作社、证券公司等，它们能够为创业者提供融资融物、承销证券及其他的融资服务。随着我国金融市场的不断发展，这部分业务将愈加广泛。以常见的信托融资和证券融资为例进行说明，信托融资是指信托公司和企业以贷款方式合作，信托公司对外向社会投资者发行企业项目投资专用信托权证，募集资金后，以信托公司的名义向企业投资的项目进行中长期贷款。证券融资是资金供求双方通过一定的金融工具直接形成债权债务关系或所有权关系的融资形式，具体可分为股票融资、债权融资、基金融资和其他衍生产品融资等。虽然证券融资有利于资金快速合理地配置和高效使用，但对投资者来说，证券融资的风险较大。

由此可见，目前的创业融资渠道日益广泛，这种资金来源的多元化也暗合了经济体制改革时期投资主体与投资模式的多元化。在这个转型期，市场代替计划发挥着配置资源的基础性作用。社会竞争趋向开放和公平，对于创业者而言，公平、开放、高效的市场环境正在形成。这样的市场将有利于降低创业的隐性成本，扫除体制性障碍，增加创业者的成功概率。而对于目前创业企业融资难的困境，我们应该从企业和政府两方面同时进行策略考量。首先，从企业自身角度而言，创业企业在进入某个领域时，要综合宏观经济环境和行业发展状况进行可行性分析，选择具有市场前景的领域进行创业活动。同时，也要注意自身能力的培养，努力加强团队建设、建立健全企业制度、完善公司治理结构，还可以通过加强信息披露制度来增加企业自身的信用和声誉，以便更好地吸引风险投资和银行贷款。从政府角度而言，由于未来风险投资将成为创业企业融资的主要方式，政府应该鼓励风险投资机构的发展和壮大，同时政府应该多出台一些对创业企业的扶持政策，继续拓宽融资渠道，建立多层次复合型的融资体系，完善信用担保制度，改善融资环境，加快创业基金发展的法制化、系统化步伐。

银行家夏保罗：融资的次序很重要

第一阶段一定是自有资金。你认为这个好，自己却不肯掏钱，别人怎么肯相信你？这是第一点。第二点是你要先有成功的迹象，人家是跟你共赢，不是跟你共输，所以你要先做出成绩出来，这是第一阶段。

第二阶段是找战略合作伙伴。这时候你找风险投资人家理都不理你，你找银行也是理都不理你，因为你还没有成气候，你还没有成功的迹象也还没有成绩单拿出来。没有成绩单就是高风险，就是这么简单。所以，第二阶段是找战略合作伙伴，找志同道合的朋友跟你共创天下。因此，你准备创业以前就要先想谁是我的战略合作伙伴，你要打造一个赢的团队。

第三阶段是去找风险投资者。风险投资者他就看风险，你风险高他为什么要投资？这个时候就看你要讲一个什么样的故事出来，讲一个吸引风险投资的故事让人家兴奋，让人家 excited（激动），越有吸引力越好。你要讲一个故事出来，所以这个时候就看你的企划书了。这个时候你要写一个打动人心的故事出来让这个风险投资者拼命点头，你做不到这一点不可能有风险投资，这是第三个阶段。

第四个阶段是到商业银行去，商业银行最保守了，所以第四个阶段才到银行去。

第五个阶段是你到货币市场去，你自己发行债券等。

所以，不同的阶段找不同的融资者，次序不要搞错。

（资料来源：创业者在融资时应该注意哪些问题，百度文库。）

三、财务管理的基本概念

财务管理是企业管理活动的一项重要内容，要解决企业资金的筹集、运用和分配等问题。财务管理讲求成本效益原则，通过对资金的管理，使企业资金更有效地为企业带来效益。对企业进行有效的财务管理，必须了解企业财务管理的现状，发现财务管理过程中存在的主要问题，并进行改进。

财务管理是基于企业再生产过程中客观存在的财务活动和财务关系而产生的，是企业组织财务活动、处理与各方面财务关系的一项经济管理工作。它通过对资金运动和价值形态的管理，像血液一样渗透贯通到企业的生产、经营等一切管理领域。因此，财务管理不仅是企业管理中相对独立的方面，而且也是一项综合性的管理工作，是企业管理不可缺少的一部分。

（一）会计要素

为了对企业资金运动过程中的各项经济业务进行分门别类的核算和监督，系统地向各有关方面提供会计信息，必须对会计对象进行分类。这种分类在会计上称为会计要素，它是会计对象的基本组成部分，构成了会计信息的基本框架。

根据《企业会计准则》的规定，我国企业会计要素包括以下六项。

1. 资产

资产是指企业过去的交易、事项形成的，由企业拥有或控制的资源，该资源预期会给企业带来经济利益。企业的资产范围很广，形态各异，有的具有实物形态，如房屋、建筑物、机器、设备等；有的不具有实物形态，如债权形态出现的各种应收和预付款项，以特殊权利形态出现的专利权、商标权等无形资产。

按流动性不同，资产可分为流动资产、长期投资、固定资产、无形资产和其他资产。

2. 负债

负债是指企业过去的交易、事项形成的现实义务，履行该义务预期会导致经济利益流出企业。负债按其流动性，可分为流动负债和长期负债。

3. 所有者权益

所有者权益（股份制企业称为股东权益）是指所有者在企业资产中享有的经济利益，其金额为资产减去负债后的余额。所有者权益分类包括实收资本（或股本）、资本公积、盈余公积和未分配利润等。

4. 收入

收入是指企业在销售商品、提供劳务及让渡资产使用权等日常活动中所形成的经济利益的总流入，包括主营业务收入和其他业务收入。按照企业经营业务的主次，可以把收入分为主营业务收入和其他业务收入。

5. 费用

费用是指企业销售商品、提供劳务等日常活动所发生的经济利益的流出。费用是和收入相对应的，企业为取得营业收入必须付出代价。费用按其是否计入产品成本，可分为计入产品成本的费用和期间费用两大类。

6. 利润

利润是企业在一定会计期间的最终经营成果，是收入与费用相抵后的差额。如果收入大于费用，其净额为利润；如果收入小于费用，其净额为亏损。

利润要素主要有以下项目构成：营业利润、投资净收益、补贴收入、营业外收支净额。

（二）会计循环

会计循环是在经济业务事项发生时，从填制和审核会计凭证开始，到登记账簿，直至编制财务会计报告，即完成一个会计期间会计核算工作的过程。

会计信息起始于商业交易的初始记录，包括正式的财务报表的编制（合计资产、负债和所有者权益）。这个循环意味着这些程序必须持续重复，在合理的会计期间准备新的、更新的财务报表。企业将一定时期发生的所有经济业务，依据一定的步骤和方法，加以记录、分类、汇总直至编制会计报表的会计处理全过程。在连续的会计期间，这些工作周而复始地不断循环进行。

（三）记账方法

1. 单式记账法

单式记账法是对每一项经济业务只在一个账户中登记的方法。例如，记录企业发展过程中的流水账就是属于这种记账方法。如小王和小孙合伙创办了一家打字复印店，两人商量各出资 4 万元。在开业之前各拿出了 1 万元现金作为注册与启动资金，并由小王负责进行公司注册，小孙负责联系进货业务。他们的流水账记录见表 6-1。

表 6-1　现金流水账

日期	事项	备注
3 月 1 日	小王和小孙各出资 1 万元，作为注册与启动资金	
3 月 2 日	小孙寻找开店地址花去交通费 150 元	
3 月 3 日	小孙租门面房支付定金 2 000 元	
3 月 4 日	小王申办工商执照 100 元，工作餐 10 元，交通费 20 元	
3 月 5 日	小孙联系进货渠道花去交通费 100 元	
3 月 6 日	小王和小孙去了解市场价格，共计开支工作餐 30 元	没有票据
3 月 7 日	结余现金 17 590 元	本周只有支出
3 月 8 日	小孙租门面房支付 6 个月租金 2 000×6＝12 000 元	
3 月 9 日	小王和小孙各投入 3 万元	
3 月 10 日	购进电脑 2 台，支付现金 12 500 元	
3 月 11 日	小王去领取工商执照，去刻章花费 210 元，交通费 20 元	
3 月 12 日	购进激光打印机一台 3 500 元	
3 月 13 日	购扫描仪一台 800 元，购名片刻印机一台 150 元	
3 月 14 日	购复印机一台支付现金 12 200 元	
一周小结	结余现金 36 210 元	本周只有支出

2. 复式记账法

复式记账法就是对发生的每一项经济业务，都以相等的金额，同时在两个或两个以上相互联系的账户中进行登记的一种记账方法。它是以价值运动和会计等式为基础的。复式记账法要比单式记账法更加科学。

目前，我国的会计准则规定使用的记账法是借贷记账法。它是以借、贷二字作为记账符号，以"有借必有贷，借贷必相等"为记账规则的记账方法。如果使用借贷记账法记录现金日记账，如表6-2所示。

表6-2　现金日记账

单位：元

2005 年		摘要	对方科目	借方（收入）	贷方（支出）	余额
月	日					
3	1	小王和小孙各出资 1 万元		20 000.00		20 000.00
	2	小孙寻找开店地址交通费			150.00	19 850.00
	3	租门面房支付订金			2 000.00	17 850.00
	4	申办工商执照			100.00	
		小王申办工商执照工作餐			10.00	
		小王申办工商执照交通费			20.00	17 720.00
	5	小孙联系进货渠道交通费			100.00	17 620.00
	6	小王、小孙了解市场工作餐			30.00	17 590.00
	8	小孙支付 6 个月门面房租金			12 000.00	5 590.00
	9	小王和小孙各投入 3 万元		60 000.00		65 590.00
	10	购进电脑 2 台			12 500.00	53 090.00
	11	小王刻章			210.00	
		小王交通费			20.00	52 860.00
	12	购激光打印机一台			3 500.00	49 360.00
	13	购扫描仪一台			800.00	48 560.00
	13	购名片刻印机			150.00	
	12	购复印机一台			12 200.00	36 210.00

四、三种常用的财务报表

创业者如果不能跟踪记录收益和支出的话，即使是一个小企业，其财务状况也会很快变得十分复杂。创业者一般都要使用三张财务报表来管理他们的财务：损益表、现金流量表、资产负债表（见表6-3）。

表6-3 财务报表报告的信息

问题	答案	财务报表
企业的经营状况如何？	收入 − 费用 ———————— 净收益（或净损失）	收益表/经营状况表/利润表
企业留存收益变化的原因是什么？	期初留存收益 + 净收益（或 − 净损失）− 股利 ———————— 期末留存收益	留存收益表/股东权益表
企业的财务状况如何？	资产 = 负债 + 所有者权益	资产负债表/财务状况表
企业产生和花费的现金是多少？	经营活动现金流量 ± 投资活动现金流量 ± 筹资活动现金流量 ———————— 期间内现金增加（或减少）	现金流量表

（一）损益表

损益表也被称为收益表/利润表。创业者每月制作损益表跟踪收益和支出，来看业务是否赚了钱。月份的损益表就像计分卡一样，显示出每月底公司的财务状况，它们也显示出本月你记载的销售额（收入）和成本（费用）。若你的销售额大于成本，你的收益余额则是正的，你就能获得利润；若你的销售额小于成本，你的收益余额将是负的，这个月就会亏损。

损益表反映企业的生产经营规模和实现利润的情况。剖析利润表中各相关项目之间的内在钩稽关系，获取有用的决策信息，采用结构百分比法分析相关项目之间的钩稽关系，获取企业大量的有用信息。

（1）通过"主营业务利润"与"主营业务收入"相比较，可以了解到企业主营业务的毛利率，借此了解企业的产品或劳务的技术含量和市场竞争力。

（2）通过"主营业务利润"与"其他业务利润"相比较，可以了解企业的主营业务是否突出，并借此对企业未来获利能力的稳定性作出相应的判断。

（3）通过"营业费用、管理费用、财务费用"与"主营业务利润"相比较，则可分别了解到企业销售部门、管理部门的工作效率，以及企业融资业务的合理性。

再通过企业之间的横向比较及企业前后会计期间的纵向比较，挖掘企业降低"营业费用、管理费用、财务费用"的潜力，提高其工作效率，并对企业的融资行为做出审慎安排。

（4）通过"营业利润、投资收益、补贴收入、营业外收入、营业外支出"与"利润总额"相比较，可以对企业获利能力的稳定性及可靠性作出基本性的判断。特别是"投资收益"反映的是建立在资本运营前提下的投资回报，占企业实现利润的比例越大证明企业的主营业务获利能力越差。只有企业的"营业利润"占"利润总额"的比重较大时，企业的获利能力才较稳定、可靠。

因有些上市公司为了精心维护、营造"壳资源"，通过政府补贴或关联交易的方式提高上市公司的利润水平，以确保上市公司的配股能力，进而不断从证卷市场募集资金，通过这些方式来增强上市公司的利润水平。由于这样做必定是不稳定、不可靠的，因此，企业股东或潜在股东都是相当关注这些的。所以，审计人员在审计时特别注意审核企业是否存在这种情况，特别关注"非经常性损益"，注意查看"补贴收入、营业外收入、营业外支出"及会计报表附注等方面的资料（见表6-4）。

表 6-4　损益表示例

损　益　表

年　　　　日
单位：元

项　　目	行次	本月数	本年累计数
一、产品销售收入	1	208 000	
减：产品销售成本	2	124 000	
产品销售费用	3	1 000	
产品销售税金及附加	4	800	
二、产品销售利润	7	82 200	
加：其他业务利润	9	—	
减：管理费用	10	2 000	
财务费用	11	1 200	
三、营业利润	14	79 000	
加：投资收益	15	—	
营业外收入	16	1 500	
减：营业外支出	17	1 000	
四、利润总额	20	79 500	
减：所得税	26	26 235	
五、净利润	30	53 265	

（二）现金流量表

现金流量对企业至关重要，它是企业顺畅运行、获取竞争力的根本保证。现金流量表反映企业现金来源、现金使用和现金库存的情况（表 6.5）。尽管每月的损益表会给你提供很多指导，但你不能只使用它来指导日常业务，你还必须准备每月的现金流量表来记录现金流入流出公司的情况。现金流量表记载了现金的流出流入情况，比如 6 月份完成销售，但顾客直到 8 月份才付款，损益表会显示出销售发生在 6 月，但现金流量表直到 8 月份才显示出这笔销售情况，即现金实际流进公司。即使你的损益表显示出你有利润，但由于你缺乏现金不能支付电话账单，结果也会倒闭。

1. 现金流量净增加值

该指标表明本会计年度现金流入与流出的相抵结果。

正数表明，本期流入大于流出；负数表明现金流出大于流入。正数表明现金流量状况在改善。

2. 经营活动产生的现金流量净额

该指标表明企业经营活动获取现金流量的能力。

在正常情况下，企业的现金流入量主要依靠经营活动来获取。通过该指标与"净利润"指标相比较，可以了解到企业净利润的现金含量，而净利润的现金含量则是企业市场竞争力的根本体现。如果企业的净利润大大高于"经营活动产生的现金流量净额"，则说明企业利润的含金量不高，存在大量的赊销行为，以及未来的应收账款收账风险，同时在某种程度上存在着派利润操纵之嫌。在了解该指标的过程中，审计人员还可以了解到企业相关税、费的缴纳情况。

3. 投资活动产生的现金流量净额

该指标反映企业固定资产投资及权益性、债权性投资业务的现金流量情况。其现金流出会"对企业未来的市场竞争力产生影响"，其数额较大时，审计人员会特别关注，他们对企业相关的投资行为的可行性将做相应的了解和评估。

4. 筹资活动产生的现金流量净额

该指标一般反映企业从银行及证券市场筹资的能力。

在该指标形成的过程中，会反映企业偿还银行借款本、息及支付股利的现金流出情况，而这正是企业筹资信誉的根本体现。当本期的该类现金流入量过大时，往往会对以后会计期间的现金流量及资金成本产生一定的压力。对此，审计人员特别关注企业的筹资目的及履行情况，如果本期借入的银行借款大部分用来偿还银行借款本、息，则说明企业前期银行借款使用效益不佳，存在"倒贷"现象。对此，审计报告将提出改进企业资金管理的建议。

5. 现金流量表附注

现金流量表附注名为"附注"，但其所提供的信息却非常重要，通过该部分相关项目与其他报表相关项目之间的核对，可以对企业所制定的固定资产折旧、无形资产摊销、坏账准备的计提、待摊费用的摊销等会计政策的执行情况作出相应的推断，对企业会计核算及会计信息披露的质量作出相应的判断。同时，通过观察"处置固定资产、无形资产和其他资产的损失（减收益）项目，来了解企业的非正常损益的发生情况及其对企业利润水平的影响。而通过"投资损失（收益）"与主表中"分得股利或利润所收到的现金""取得债券利息收入所收到的现金"的比较，可对企业投资收益的现金含量作出分析和判断（见表6-5）。

表6-5　现金流量表示例

单位：元

	2005A	2006E	2007E	2008E
税后利润	12 666	12 961	17 096	19 588
折旧及摊销	10 731	12 768	13 394	13 923
财务费用	1 007	1 380	839	379
营运资金变动	(1 927)	1 890	774	(376)
其他经营现金变动	376	(125)	(125)	(125)
经营活动现金净流	22 722	28 873	31 978	33 389
资本开支	(9 768)	(13 058)	(11 428)	(11 298)
投资与投资收益	281	0	0	0
其他	(25 226)	2 183	0	0
投资活动现金净流	(34 714)	(10 875)	(11 428)	(11 298)
募集资金	7	0	0	0
股息利息	(7 815)	(1 955)	(6 443)	(3 752)
贷款变动	23 484	(11 998)	(7 716)	(8 000)
其他	(1 899)	(3 802)	(1 547)	(1 676)
筹资活动现金净流	13 776	(17 755)	(15 705)	(13 428)
现金净流量	1 784	243	4 845	8 663
现金期初余额	1 581	4 857	5 100	9 945
现金期末余额	4 857	5 100	9 945	18 608

（三）资产负债表

典型资产负债表是每年制作一次，它显示出每个公司的资产、负债（债务）和净资产。净资产是资产和债务之间的差别，也被称为物主权益。年度的损益表通常反映公司一年间的业务表现，资产负债表则更像是对每年末公司业务状况的一种总结（见表6-6）。

1. 查看注册资本的情况及企业的成长性

首先查看所有者权益。查看"实收资本"数额，将其与企业注册资本数额相比，检验注册资本是否到位。

用"所有者权益"合计（即净资产）除以"实收资本"，再用该"商数"除以企业自注册成立至今的"累计年份"得出净资产的年平均增长率进行分析。而且注意"资本公积"的数额，若过大，将进一步了解其构成。防止企业在不具备法定资产评估条件的情况下，通过虚假评估来虚增"净资产"，借此来调整"资产负债率"，蒙骗债权人或潜在债权人。

"实收资本"是企业承担有限责任的根本保证，审计人员是相当关注的，企业各类债权人也是高度重视的。所以，中介机构出具的《年度报表审计报告》一般都将"实收资本"的情况首先予以反映和评价。

2. 查看企业资产的管理情况

对企业所有资产的管理是否安全和完整，各项管理制度是否健全，特别是《内部会计控制规范-基本规范》及相关具体规范，内部控制的设计是否合理，执行是否有效等情况进行核实。

在这个审计阶段，中介机构的审计人员必须调阅企业大量的规章制度和对资产进行有效管理的资料，对样、本、量进行确认，对企业资产的质量进行审计认定。

3. 查看企业资产负债率和各项流动性比率，了解企业对各类债权人利益的保证程度

用"负债合计数"除以"资产总额"求出"资产负债率"，可以了解到企业

对长期债权人利益的保障程度，该比率越大，则表明长期债权人的风险越大。

表 6-6 资产负债表示例

编制单位：甲公司　　　　　　　　1997 年 12 月 31 日　　　　　　　　单位：元

资　产	调整前	调整后	负债和股东权益	调整前	调整后
流动资产：			流动负债：		
货币资金	50 000	50 000	短期借款	25 000	25 000
短期投资	10 000	10 000	应付票据	5 000	5 000
应收票据	5 000	5 000	应付账款	5 000	5 000
应收账款	80 000	80 000	应交税金	25 000	14 473
减：坏账准备	4 000	35 900	流动负债合计	60 000	49 473
应收账款净额	76 000	44 100	长期负债：		
存货	29 000	29 000	长期借款	30 000	30 000
流动资产合计	170 000	138 100	长期负债合计	30 000	30 000
长期投资			负债合计	90 000	79 473
长期股权投资	55 000	55 000	股东权益：		
固定资产			股本	100 000	100 000
固定资产原价	60 000	60 000	资本公积	0	0
减：累计折旧	20 000	20 000	盈余公积	12 000	8 794.05
固定资产净值	40 000	40 000	未分配利润	68 000	49 832.95
无形资产：			股东权益合计	180 000	158 627
无形资产	5 000	5 000			
资产总计	270 000	238 100	负债和股东权益总计	270 000	238 100

　　财务管理是企业管理的一项基础性工作。在企业创业初期，做好了财务管理这项工作，将为企业的发展壮大奠定良好的基础。这就要求企业的经营者或投资者要通晓和重视财务管理工作，并持续地改进这项工作，从而使财务管理为企业创效益。

第二节　创业企业人力资源管理

"21世纪什么最珍贵——人才"，这虽然只是一句电影台词，却道出了人力资源的重要性。美国钢铁大王卡内基曾经说过："将我所有的工厂、设备、市场、资金全部夺去，但是只要保留我的组织、人员，四年以后，我仍将是一个钢铁大王。"管理学大师德鲁克甚至认为："对人的管理，就是企业管理的代名词。"由此可见，人力资源管理在企业经营管理中的重要性。

案例解析

于先生的烦恼

于先生投资的是一家服装生产企业，在组建的时候，大多数管理岗位都由自己的亲朋好友来承担。自己是总经理，好朋友是分管市场的副总经理，妻兄是分管财务后勤的副总经理，其他几个亲戚也都是管理人员，员工也大多是从自己身边熟悉的人中招聘而来。创业初期大家团结一心，沟通也比较容易，管理成本相对较低。对于事业刚起步、资金相对缺乏的于先生来说，这是一种不错的选择。但当企业规模逐渐扩大以后，人才的缺乏就成为制约企业发展的瓶颈，于是企业开始向社会招聘员工。随着企业员工越来越多，这种家族式的管理方法慢慢显现出弊端来。首先是多头管理，谁都觉得自己是企业的主人，除了自己负责的事，还经常要插手其他人员的工作，搞得大家不知道该听谁的。每天看着"家族成员们"显示自己的优越感，一定程度上打击了其他员工，大多数员工都开始有度日如年的感觉。创业初期遗留下来的人员管理问题，成为困扰于先生的难题之一。

（资料来源：中小企业初创之人力资源管理，道客巴巴。）

一、人力资源管理对创业企业的意义

人力资源，即一定范围内具有为社会创造物质财富和精神财富、从事体力劳动和智力劳动的人们的总和。在任何一个企业中，人力资源都是最重要的资源，对企业的生存与发展起着决定性的作用。创业企业处于初创阶段，对其员工的素质要求更高。因此，通过合适的渠道招聘到适合创业企业的员工，对员工进行适当的培训和合理的配置，对员工绩效进行考核，就具有特殊重要的意义。

对企业而言，人力资源管理的作用主要体现在以下三个方面。

第一，为企业注入新的血液，主要表现在招聘录用上。为了确保企业有生产活力，在企业缺少人才时便会从市场上招聘人才，为企业的发展不断地注入新的血液，从而实现企业内部的人力资源合理配置，并为企业不断提升内部员工的素质提供保障。

第二，提高员工素质，主要体现在员工培训方面。企业在面对强大的竞争力的情况下，不得不拿出新的资本去迎接变化莫测的市场，企业对员工的培训是相当重要的。企业给员工培训，有助于加强企业的竞争力，同时是企业建立良好人才储备的有效途径，并且，培训是对员工的一个重要激励，也有助于向他们灌输企业文化。

第三，加强企业管理，主要体现在绩效考核方面。绩效考核是人力资源管理的核心，主要是对员工的岗位适应能力、工作效率、工作责任心、工作完成质量进行全方位的考核评估。企业进行考核可以为企业挖掘优秀人才，并淘汰部分不适合企业的员工。企业如果没有好的考核制度，员工工作将没有任何的责任感与危机感，这势必会影响企业的发展。

二、企业人力资源管理的六大模块

（一）人力资源规划

1. 人力资源规划的内涵

正如航行出海的船只的航标的导航仪，人力资源规划起到一个定位目标和把握路线的作用。人力资源规划的重点在于对企业人力资源管理现状信息进行收集、分析和统计，依据这些数据和结果，结合企业战略，制定出未来人力资源工作的方案，内容包括晋升规划、补充规划、培训开发规划、人员调配规划、工资规划等，基本涵盖了人力资源的各项管理工作。

2. 人力资源规划的内容

（1）战略规划。即根据企业总体发展战略的目标，对企业人力资源开发和利用的方针、政策和策略的规定，是各种人力资源具体计划的核心，是事关全局的关键性计划。

（2）组织规划。即对企业整体框架的设计，主要包括组织信息的采集、处理和应用、组织结构图的绘制、组织调查、诊断和评价、组织设计与调整以及组织机构的设置，等等。

（3）制度规划。制度规划是人力资源总规划目标实现的重要保证，包括人力资源管理制度体系建设的程序及制度化管理等内容。

（4）人员规划。人员规划是对企业人员总量、构成、流动的整体规划，包括人力资源现状分析、企业定员、人员需求和供给预测以及人员供需平衡，等等。

（5）费用规划。费用规划是对企业人工成本、人力资源管理费用的整体规划，包括人力资源费用的预算、核算、结算以及人力资源费用的控制等。

3. 人力资源规划的格式

（1）项目内容。

（2）执行时间。

（3）负责人。

（4）检查人。

（5）检查日期。

（6）预算。

（7）规划制定者。规划制定者可以是一个人，也可以是一个部门。

（8）规划制订时间。主要指该规划正式确定的日期。

（二）人员招聘与配置

人员任用讲求的是人岗匹配，适岗适人。找到合适的人却放到了不合适的岗位，与没有找到合适的人一样，会令招聘工作失去意义。招聘合适的人才并把人才配置到合适的地方，才能算完成了一次有效的招聘。

1. 人员招聘

当创业企业现有人员不足以胜任出现的空缺职位时，企业管理人员就要考虑到企业外部去寻找合适的人选进入企业承担一定的职责。从企业外部聘任人员，主要的途径有熟人介绍、职业介绍机构、猎头公司、大中专院校以及其他途径。

2. 人员招聘的程序

创业企业进行人员招聘与选拔，一般要经过制定招聘计划、对外发布信息以及选拔和测试过程，形成最终的招聘决策，并通知候选人。其主要程序如下。

（1）制定招聘计划。人员招聘与选拔过程的第一步是制定出招聘计划，也就是要确定所招人员应具备的基本资格和条件；决定创业企业需要招聘人员的数目、招聘区域以及具体用人时间，等等。

（2）发布招聘信息。为了使相关的人群能够得到企业有关职位空缺的信息，需要利用一定的媒体，在适当的时间、地点，以一定的表现形式向他们传输企业的招聘信息。

（3）选拔与测试。在众多的候选人中挑选最终合格人员的过程就是选拔与测试，常用的方式有面试、心理测验、知识测试和模拟测试等。

（4）人员招聘决策。根据面试及各种测试的结果，创业企业基本上决定了最终录用的人员。一般在通知候选人最后的决定并经过体检过程后，创业企业与录用人员签订劳动合同，然后开始试工，或者经过一段时间培训后上岗开始工作。至此基本完成了整个人员招聘与选拔的程序。

3. 人员的配置

人员配置，其内涵是指为了实现创业企业的目标，由具体的管理主体根据人员的特点，运用现代化的科学方法，将人员通过一定的方式，合理地运用到相应的创业企业组织结构中，在组织经营活动过程中实现人与物的有机结合与充分发挥，提高组织的活力与实力，取得最大的经济效益。

人员配置要坚持几点原则：（1）选贤任能原则，即以员工自身的条件、素质为出发点，而不要以与领导人的亲疏为出发点；（2）适才适能原则，即人员的素质和能力要与其所担负职责的需要相吻合；（3）群体相容原则，即在搭配时要注意群体成员的年龄结构、智能结构、知识结构、能力结构和素质结构，使各类人员能协调相容。

4. 人员配置的形式

从目前的实际表现来看，创业企业人员配置形式主要有人岗关系型、移动配置型、流动配置型三种。

（1）人岗关系型，主要是通过人员管理过程中的各个环节来保证企业内各部门、各岗位的人员质量。它是根据员工与岗位的对应关系进行配置的一种形式。

（2）移动配置型，是一种从员工相对于岗位移动，而在企业内部进行配置的类型。它通过人员相对上下左右岗位的运动，来保证企业内的每个岗位人力资源的数量和质量。

（3）流动配置型，是一种从员工相对企业岗位的流动，而在企业内外进行配置的类型。它通过人员相对企业的内外流动，来保证企业内每个部门与岗位人力资源的数量与质量。

（三）培训与开发

员工培训是指一定组织为开展业务及培育人才的需要，采用各种方式对员工进行有目的、有计划的培养和训练的管理活动，其目标是使员工不断地更新知识、开拓技能，改进员工的动机、态度和行为，是企业适应新的要求、更好地胜任现职工作或担负更高级别的职务，从而促进组织效率的提高和组织目标的实现。

1. 员工培训的八种形式

（1）讲授法。属于传统的培训方式，优点是运用起来方便，便于培训者控制整个过程；缺点是单向信息传递，反馈效果差。它常被用于一些理念性知识的培训。

（2）视听技术法。通过现代视听技术（如投影仪、DVD、录像机等工具），对员工进行培训。优点是运用视觉与听觉的感知方式，直观鲜明；缺点是学员的反馈与实践较差，且制作和购买的成本高，内容易过时。它多用于企业概况、传授技能等培训内容，也可用于概念性知识的培训。

（3）讨论法。按照费用与操作的复杂程序又可分成研讨会与一般小组讨论两种方式。研讨会多以专题演讲为主，中途或会后允许学员与演讲者进行交流沟通。优点是信息可以多向传递，与讲授法相比反馈效果较好，但费用较高。而小组讨论法的特点是信息交流时方式为多向传递，学员的参与性高，费用较低。讨论法多用于巩固知识，训练学员分析、解决问题的能力与人际交往的能力，但运用时对培训教师的要求较高。

（4）案例研讨法。通过向培训对象提供相关的背景资料，让其寻找合适的解决方法。这一方式使用费用低，反馈效果好，可以有效训练学员分析、解决问题的能力。另外，近年的培训研究表明，案例、讨论的方式也可用于知识类的培训，且效果更佳。

（5）角色扮演法。授训者在培训教师设计的工作情景中扮演其中角色，其他学员与培训教师在学员表演后作适当的点评。由于信息传递多向化，反馈效果好，实践性强且费用低，因而多用于人际关系能力的训练。

（6）自学法。这一方式较适合于一般理念性知识的学习。由于成人学习具有偏重经验与理解的特性，让具有一定学习能力与自觉的学员自学是既经济又实用的方法，但此方法也存在监督性差的缺陷。

（7）互动小组法。也称敏感训练法，此法主要适用于管理人员的人际关系与沟通训练。让学员通过培训活动中的亲身体验来提高自身处理人际关系的能力。其优点是可明显提高人际关系与沟通的能力，但其效果在很大程度上依赖于培训教师的水平。

（8）网络培训法。这是一种新型的计算机网络信息培训方式，投入较大。但由于使用灵活，符合分散式学习的新趋势，节省学员集中培训的时间与费用。这种方式信息量大，新知识、新观念传递优势明显，更适合成人学习。因此，特别为实力雄厚的企业所青睐，也是培训发展的一个必然趋势。

2. 员工培训的作用

（1）培训能增强员工对企业的归属感和主人翁责任感。就企业而言，对员工培训得越充分，越能吸引员工在该企业工作，越能发挥人力资源的高增值性，从而为企业创造更多的效益。有资料显示，百事可乐公司对深圳 270 名员工中的 100 名进行过一次调查，这些人几乎全部参加过培训。其中 80%的员工对自己从事的工作表示满意，87%的员工愿意继续留在公司工作。培训不仅提高了职工的技能，而且提高了职工对自身价值的认识，对工作目标有了更好的理解。

（2）培训能促进企业与员工、管理层与员工层的双向沟通，增强企业的向心力和凝聚力，塑造优秀的企业文化。不少企业采取自己培训和委托培训的办法培训员工，这样做容易将培训融入企业文化，具有更加重要的意义。因为企业文化是企业的灵魂，它是一种以价值观为核心对全体职工进行企业意识教育的微观文化体系。

（3）培训能提高员工的综合素质，提高生产效率和服务水平，树立企业的良好形象，增强企业的盈利能力。美国权威机构监测，培训的投资回报率一般在33%左右。在对美国大型制造业公司的分析中显示，公司从培训中得到的回报率大约可达 20%—30%。摩托罗拉公司向全体雇员提供每年至少 40 小时的培训。调查表明，摩托罗拉公司每 1 美元培训费可以在 3 年以内实现 40 美元的生产效益。摩托罗拉公司认为，素质良好的公司雇员们已通过技术革新和节约操作为公司创造了40亿美元的财富。摩托罗拉公司的巨额培训收益说明了培训投资对企业的重要性。

（4）适应市场变化，增强竞争优势，提高企业的"造血功能"。一项研究资料表明，企业技术创新的最佳投资比例是5∶5，即"人本投资"和硬件投资各占50%。人本为主的软技术投资，作用于机械设备的硬技术投资后，产出的效益将成倍增加。在同样的设备条件下，增加"人本"投资，可达到投1产8的投入产出比。事实证明，人才是企业的第一资源，有了一流的人才，就可以开发一流的产品、创造一流的业绩，企业就可以在市场竞争中立于不败之地。

（四）薪酬与福利

薪酬是员工因向所在的组织提供劳务而获得的各种形式的酬劳。狭义的薪酬指货币和可以转化为货币的报酬；广义的薪酬除了包括狭义的薪酬以外，还包括获得的各种非货币形式的满足。福利是指企业为了保留和激励员工采用的非现金形式的报酬，福利的形式包括保险、实物、股票期权、培训、带薪假等。

案例解析

薪酬引领企业发展

某房地产集团下属一家物业经营管理公司。该公司成立初期，非常注重管理的规范化，为充分调动员工积极性，公司制定了一套较科学完善的薪酬管理制度，使公司得到了较快的发展：短短两年多的时间，公司业务增长了110%。

随着公司业务的增加和规模的扩大，员工也增加了很多，人数达到了220多人。但公司的薪酬管理制度没有随公司业务发展和人才市场的变化而适时调整，还是沿用以前的制度。公司领导原以为发展已有了一定的规模，经营业绩理应超过以前，但事实上，整个公司的经营业绩不断下滑，客户的投诉也不断增加，员工也失去了往日的工作热情，出现了部分技术、管理骨干离职的现象，其他人员也出现不稳定的情况。其中，公司工程部经理在得知自己的收入与后勤部经理的收入相差很少时，感到不公平，他认为工程部经理这一岗位相对后勤部经理，工作难度大、责任重，应该在薪酬上体现出这种差别，所以他工作起来没有了以往的那种干劲，后来离职而去。因为员工的流失、员工工作缺乏积极性，致使该公司的经营一度出现困难。

在这种情况下，该公司的领导意识到问题的严重性，经过对公司内部管理的深入了解和诊断，发现问题出在公司的薪酬体系上，而且关键的技术骨干的薪酬水平较市场明显偏低，对外缺乏竞争力；公司的薪酬结构也不够合理，对内缺乏公平，从而导致技术骨干和部分中层管理人员流失。针对这一具体问题，该公司就薪酬水平进行了市场调查和分析，并对公司原有薪酬制度进行调整，制定了新的与企业战略和组织架构相匹配的薪资方案，激发了员工的积极性和创造性，公司发展又开始恢复良好的势头。

（资料来源：薪酬管理，百度文库。）

薪酬与福利的作用有两点：一是对员工过去业绩的肯定；二是借助有效的薪资福利体系可促进员工不断提高业绩。

一个有效的薪资福利体系必须具有公平性，保证外部公平、内部公平和岗位公平。外部公平会使得企业薪酬福利在市场上具有竞争力，内部公平需要体现薪酬的纵向区别，岗位公平则需要体现同岗位员工胜任能力的差距。对过去业绩公平地肯定会让员工获得成就感，对未来薪资福利的承诺会激发员工不断提升业绩的热情。薪酬福利必须做到物质形式与非物质形式的有机结合，这样才能满足员工的不同需求，发挥员工的最大潜能（见图 6-1）。

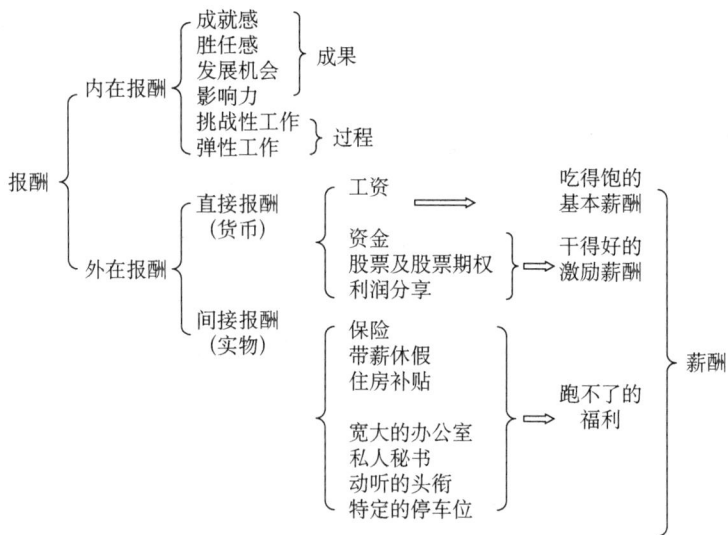

图 6-1　企业常见的薪酬福利体系

（资料来源：薪酬管理培训教材，百度文库。）

（五）绩效管理

1. 绩效管理的内涵

绩效管理在人力资源管理中处于核心地位：绩效管理强调组织目标和个人目标的一致性，强调组织和个人同步成长，形成"多赢"局面；绩效管理体现着"以人为本"的思想，在绩效管理的各个环节中都需要管理者和员工的共同参与。绩效管理的概念告诉我们：它是一个管理者和员工保持双向沟通的过程，在过程之初，管理者和员工通过认真平等的沟通，对未来一段时间（通常是一年）的工作目标和任务达成一致，确立员工未来一年的工作目标。

2. 绩效管理流程

（1）制定出考核计划。该计划包括明确考核目的和对象；选择考核内容和方法；确定考核时间。

（2）进行技术准备。绩效考核是一项技术性很强的工作，其技术准备主要包括确定考核标准、选择或设计考核方法以及培训考核人员。

（3）选拔考核人员。通过培训，可以使考核人员掌握考核原则，熟悉考核标准，掌握考核方法，克服常见偏差。

（4）收集资料信息。收集资料信息要建立一套与考核指标体系有关的制度，并采取各种有效的方法来达到目的。

（5）作出分析评价。包括确定单项的等级和分值；对同一项目各考核来源的结果综合；对不同项目考核结果的综合。

拓展阅读

三大绩效管理工具

1. 目标管理 MBO（management by objective）

提出"目标管理"这一概念的管理大师彼得·德鲁克认为："并不是有了工作才有目标，是因为有了目标才能确定每个人的工作。"我们的领导者必须通过目标对下级进行管理，在确定组织目标后，通过一系列的设计和分解过程，将目标和责任落实到部门和个人，以便到最后督促组织目标实现和控制员工绩效的过程。这就是所谓的目标管理。

目标管理的优点体现在：重视员工、自主授权，工作空间大；目标体系严谨；重视成果。

2. 关键绩效指标 KPI（key performance indicator）

用一句话来解释关键绩效考核法就是"将战略目标分解成小目标，再找出与小目标相关的流程，提炼出流程中的重要可量化指标来进行考核的方法"。采用关键绩效指标考核的企业需要十分好的运营管理，流程十分清晰，计划及时而有预见性。

它的优点是简单，比如，销售人员的 KPI 可以选择销售额、利润率或市场份额，对于规模较小、经营模式单一、业务单元不重叠的企业来说易于操作。它的缺点也比较明显：选择 KPI 的标准相对随意零散，标准的配比权重也是随机确定，可能管理层拍拍脑袋就作出了决策。

3. 平衡记分卡 BSC（balanced score card）

BSC 与以往绩效工具不同，它不再以单纯的财务指标为衡量标准，相应地，它加入了未来驱动因素（包括客户因素、内部运营因素和学习成长因素等），即在保证短期效益的同时，更保证了组织未来发展的驱动力，包括良好的财务现状、良好的客户关系、简单和高效的内部流程、优秀的人才和梯队建设等。

BSC 保证的是财务指标和非财务指标的平衡，或者说保证企业四个方面最大化之间的平衡，即股东价值最大化、顾客价值最大化、任务价值最大化和员工价值最大化。

（资料来源：百度文库。）

（六）员工关系

1. 员工关系定义

员工关系是指劳资双方的关系和员工关系会对企业的发展潜力产生强烈的影响，这种关系取决于不同的社会环境，以及管理者对员工的基本看法。管理者既可以把员工看作需要通过资源投入才能够形成的一笔财富（即真正的人力资源），也可以将员工仅仅看成是实现最小化支出的一项成本。

2. 如何建立一个正向的员工关系

（1）制定政策、规则和工作程序。企业要通过建立制度而不是通过人治来建立积极正向的员工关系，从而避免在管理中的随意性。

（2）进行有效的管理。首先，管理者应当做好工作分配，关键是要知道员工的优势和劣势；其次，管理者需要对自己的时间进行管理；再次，管理者要善于对冲突进行管理；最后，管理者要重视与离职者的面谈。

（3）招聘合适的人。把合适的人引进到企业中来，招募与甄选是进行招聘的第一关。决定谁是合适的人不能完全依据经验与学历，还要考虑其个性、态度、沟通技能，以及其他与企业相匹配的行为特性。

（4）确保良好的沟通。经验表明，建立自由沟通、和睦友好的气氛，可为企业实现管理目标提供精神支柱和思想动力。例如，日本的许多优秀企业（如丰田、松下等公司），在建立积极正向的员工方面做得非常出色，他们最主要的经验就是注意沟通，特别是双向沟通。

（5）公平对待和尊重员工。企业在制订员工奖酬制度时，一定要公平对待和尊重员工。如果奖酬制度能够适当地执行，那么员工就会感觉自己受到了公平的对待，从而提高工作的积极性。

（6）建立"员工帮助计划"。员工帮助计划的目的在于透过系统的需求发掘渠道，协助员工解决其生活及工作问题，如工作适应、感情问题、法律诉讼等，帮助员工排除障碍、提高适应力，最终提升企业生产力。

三、人力资源管理中常见的法律问题

（一）"挖墙脚"的法律问题

该问题主要涉及竞业禁止法律问题。目前，越来越多的用人单位开始重视对商业秘密的保护，因此在录用一些关键岗位的人员时均要求签订保密条款、竞业限制条款，以此减少用人单位的商业秘密被侵害，保持竞争力。

在当前司法实践中，因竞业禁止而产生的纠纷呈逐年增多的趋势，特别是在经济发达地区。因此，在理论上正确认识竞业禁止的法律性质，在实践中明确竞业禁止契约的效力，确保用人单位和劳动者双方利益的平衡，无疑具有十分重要的意义。

🔍 **拓展阅读**

竞业禁止

竞业禁止是指劳动者尤其是企业高层员工，在其任职期间不得兼职于竞争企业或兼营竞争性业务，在其离职后的特定时期和地区内也不得从业于竞争企业或进行竞争性营业活动。竞业禁止是保护企业商业秘密的手段之一，通过对劳动者一方劳动权和择业自由权的限制，达到保护企业商业秘密不会随着劳动者的流动而流向竞争性企业的目的。因此从主体上讲，竞业禁止的对象应该是接触、知悉、掌握商业秘密的劳动者，通常指企业的高级技术人员、高级管理人员、关键岗位的技术工人、市场计划与营销人员等，而不是普通劳动者，更不能是全体劳动者。

竞业禁止依表现形式可分为法定的竞业禁止和约定的竞业禁止。法定的竞业禁止义务，即现行法律法规中对特定身份的人设定的竞业禁止方面的义务，如公司的董事、经理及合伙企业的合伙人；约定的竞业禁止表现为劳动合同、保密合同中的竞业禁止条款或单独签订的竞业禁止契约。

（资料来源：人力资源管理中的几个法律问题，"食品人才中心"新浪博客。）

（二）不辞而别的法律问题

该问题的实质是雇员单方面擅自解除劳动合同，即擅自离职的问题。按照法律规定，劳动者解除劳动合同，应当严格按照规定，提前30日以书面形式向用人单位提出。职工自动离职属于违法解除劳动合同，应当按照规定承担违约责任。根据《劳动法》第一百零二条规定：劳动者违反规定解除劳动合同或者违反劳动合同中约定的保密事项，对用人单位造成经济损失的，应当依法承担赔偿责任。

（三）无故解雇的法律问题

所谓解雇，从法律用语上来说，就是用人单位单方面解除与劳动者的劳动关系。《劳动法》规定了用人单位在特定情况下可以单方面解除劳动合同（依法、依约解除），而实践中用人单位随意解除劳动合同的情况也非常普遍（非法解除，即此处所要讲的无故解雇）。违法解除劳动合同的法律责任，包括继续履行、用人单位支付经济补偿金、赔偿损失等。《劳动法》规定，用人单位违反本法的规定解除劳动合同，对劳动者造成损害的，应当承担赔偿责任。

（四）拖欠薪金的法律问题

"拖欠"是指用人单位无正当理由超过规定的工资发放时间而未支付给劳动者工资的行为。根据劳动部《违反〈劳动法〉行政处罚办法》第六条、《违反和解除劳动合同的经济补偿办法》第三条之规定，用人单位克扣或无故拖欠劳动者工资的，劳动保障监察部门可责令其支付应支付劳动者工资报酬及其1—5倍的赔偿金。由此发生劳动争议，当事人申诉至劳动仲裁委员会的，仲裁委员会可以要求用人单位支付劳动者应支付的工资报酬及其25%的经济补偿。

第三节 市场营销管理

在现代市场经济条件下，企业必须十分重视市场营销。市场如战场，谁能把营销做得更好，谁就掌握了商战的主动权，谁就能旗开得胜。当今，我们正经历着营销的时代，本质地来讲，我们无时不在进行着营销，有人营销的是商品，有人营销的是服务，有人营销的是思想，有人营销的是战略。如果我们不是营销的施动方，那我们就一定是营销的从动方。无论是从动还是施动，至少你要了解这个行业，知道营销的手段才能掌握更大的主动性，才能提高成功的概率。

一、市场营销的内涵

市场营销这个概念自改革开放以来，越来越被人们所认知和理解，但不同的企业、不同个人对市场营销的认识是不同的。那究竟什么是市场营销呢？1990年，日本市场营销协会（JMA）对市场营销的含义进行了进一步的阐释和发展，指出"市场营销是包括教育机构、医疗机构、行政管理机构等在内的各种组织，基于与顾客、委托人、业务伙伴、个人、当地居民、雇员及有关各方达成的相互理解，外部的调研、产品、价格、促销、分销、顾客关系、环境适应等进行整合、集成和协调的各种活动"，这一阐释得到了国际营销学界的普遍认同。

可以说，市场营销是一项整体性的经营活动，贯穿于企业经营活动的全过程，只要是与经营有关的活动都与营销有关。概括地说，市场营销就是企业以顾客需要为出发点，以整体性的经营手段来适应和影响需求，为顾客提供满意的商品和服务而实现企业目标的过程，正如管理大师彼得·德鲁克所说："企业的最终目的，就在于创造客户并留住他们。"

二、市场营销的作用

市场营销在企业中不仅仅是一项很重要的工作，更是企业最核心的理念，在企业的发展中起着至关重要的作用。

（1）企业发展的原动力。企业就如同一个家庭，市场营销是家庭收入的主要来源，没有收入的家庭连基本的生存都是个问题，更不用说发展了。所以，市场营销是企业发展的原动力。

（2）人才培养的基地。每一位员工都是需要通过培养才能成为企业可用的人才的，市场营销开拓的业务市场就是人才培养的营养液，如生产人员通过项目作业逐渐成为企业的操作能手。

（3）企业实现利润的保障。企业要实现每年的利润指标，市场营销是利润来源的核心，每一年的业务量是完成利润的根本保障。

（4）员工利益的源泉。员工利益是建立在企业利益的基础之上的，只有通过企业的市场营销才能实现员工的利益。

（5）建立市场导向型企业文化的依据。市场营销不仅是市场营销部门的职能，而且是所有部门都应有的职能，即使是最好的市场营销部门，也不能弥补因其他部门缺乏对客户的重视所带来的损失。

三、市场营销的策略

（一）营销战略选择的依据

市场是企业生存的根本。面对竞争的日益加剧，在快节奏的国际经济大环境中，企业市场营销发展发生着巨大的变革，市场营销成为公司经营管理的重要环节，越来越受到公司管理的重视。营销大战也愈演愈激烈，各种各样的营销方式层出不穷且不断更新，传统营销理论的局限性日益突显，越来越难以适应复杂多变的市场营销环境。如何使公司处于不败之地，企业经营者应该把眼光放在长远利益上，选定正确的营销策略。

（1）将公司战略指标分解到相关部门。部门的绩效衡量必须与企业的战略目标相吻合，将公司战略指标分解到相关各部门。这样，衡量部门绩效的标准不会与公司的战略目标产生分歧。

（2）根据工作分析的成果设定部门绩效指标。从每个部门的工作职责入手，对于工作内容进行分析，找出各项部门日常运营的关键绩效指标。通过这个方式，可保证一些对部门比较重要的，但未在战略规划中明确表现出来的工作内容不会遗漏。这种形式在企业中的支持部门更为重要。

（3）根据综合业务流程设定部门绩效指标。第二种方法从部门的职责来设定部门绩效指标比较容易实施，但是会导致强调局部责任而忽视整体利益的情况，所以需要从业务流程出发，厘清流程的关键节点，来设定部门绩效指标。这种方法从流程的角度来划分任务，界定责任，一方面可以较好地防止部门间指标冲突的现象；另一方面又可以做到避免出现责任盲区，防止出现出了问题互相推诿责任的情况。在这个环节上，我们可以根据各部门在流程中扮演的角色、责任，以及同上游、下游之间的关系来确定。

（二）营销策略的内容

1. 体验式营销

体验式营销是要站在消费者的感官、情感、思考、行动、关联等五个方面，重新定义、设计营销的思考方式。此种思考方式突破传统上"理性消费者"的假设，认为消费者消费时是理性与感性兼具的，消费者在整个消费过程中的体验，才是研究消费者行为与企业品牌经营的关键。

体验营销远不止是简单地感受产品和服务，而是给消费者一种感觉，一种情绪上、体力上、智力上甚至精神上的体验，用美国营销专家菲利普·科特勒的话来说，就是"以商品为素材，塑造感官体验和思维认同，抓住消费者注意力，为他们制造出值得回忆的感受，并为产品找到新的存在价值与空间"。

以家居消费为例，它不仅反映了消费者在家居方面的功能性需求，也要体现出他们在家居生活构成、品味、理念等方面的满足，消费是为了更好地提升生活质量。每个消费者心中都有一个完美的家的形象，他们购物的最终目的就是把这个愿景转化为现实。美克·美家、宜家等体验式卖场无疑在一定程度上满足了消费者的这种需求，通过营造"家"的体验和感觉来争取消费者的认同。

案例解析

美克·美家：体验式家居营销

国际家具连锁零售企业美克·美家不仅是公认的欧美经典家居代表，也是体验式家居营销企业的杰出代表。美克·美家体验式家居营销的特点如下。

美克·美家的卖场为顾客提供了集展示、体验、销售为一体的平台。在美克·美家旗舰店，实景设计包含卧室、餐厅、衣帽间，让消费者在选购家具时能获得体验式感受。"体验式"使人们对家具产品的性能、舒适度提前有一个全面的亲密接触，也使消费者在实景样板间中对家居效果有更生动直观的体验。在体验馆里，除了可以获得直接的视觉效果和家居生活真实体验外，还有专业家居设计师根据消费者的生活方式和需求，从设计风格、使用功能、节能环保等方面做产品整合、搭配和推荐，帮助消费者实现整体解决方案。这样整体的设计和搭配，不仅能够有效消除消费者面对琳琅满目的产品无法综合配搭的困扰，还能让消费者提前感受产品的使用效果，体验自己未来所拥有的生活。

（资料来源：美克美家之体验式营销，原创力文档网。）

2. 一对一营销

目前大多数商家都是一窝蜂地追求表面上的"一对一"，教会一个销售人员做到热心周到是一回事，但是真正掌握如何识别、跟踪并与一个个的客户打好交道，进而做到产品或服务的"量体裁衣"，那又是另外一码事儿。

"一对一营销"的核心思想是以"顾客份额"为中心，与顾客互动对话，以及"定制化"。企业应该从关注市场占有率到关注个体顾客的"顾客份额"上来，关注本企业产品在顾客所拥有的所有该产品中的份额，并努力提升对这个份额的占有。

3. 全球地方化营销

全球化营销是指在全球采用统一的标准化营销策略，应用前提是各国市场的相似性，具有规模经济性等优点。地方化营销则是指针对各个地方市场的不同需求量身定制相适应的营销策略，在各市场存在较大差异的前提下使用，优点是营销效果好，但成本昂贵。企业在营销实践中发现将以上两者结合起来的全球地方化营销模式能综合两者的优点，是一种"全球化思考、地方化行动"的战略。

要想获得全球地方化营销的成功，第一步也是最关键的一步就是仔细研究各个市场，找出不同市场的共性与差别。但在不同国家实施时作适当的调整，从而满足各个市场的不同要求以占领更多的市场。

以宝马公司为例，在经过周密的市场调研后，宝马把顾客要求分为三大类。

（1）对每个国家细分市场中的所有驾车人都同等重要的特性，即全欧洲通行的要求；

（2）对某个国家的所有驾车人都同等重要的标准，这样就形成了国别差异；

（3）对所有国家中某些驾车人同等重要的特性，由此构成了不同的目标群体。

接下来，宝马针对以上三个分类分别采用不同的策略：提供统一的欧洲式样，"量国裁衣"和"因人着色"，大大提高了宝马品牌在欧洲市场上的竞争力。后来，宝马公司又将全球地方化营销模式运用到了北美市场和日本市场，也同样获得了巨大成功。

本田的"实测"营销

日本本田汽车公司要在美国推出一种雅阁牌新车。在设计新车前，他们派出工程技术人员专程到洛杉矶地区考察高速公路的情况，实地测量路长、路宽，采集高速公路的柏油，拍摄进出口道路的设计。回到日本后，他们专门修了一条9英里长的高速公路，就连路标和告示牌都与美国公路的一模一样。在设计行李箱时，设计人员有分歧，他们就到停车场看了一个下午，看人们如何放取行李。这样一来，意见马上统一起来。结果本田公司的雅阁牌汽车一到美国就备受欢迎，被称为全世界都能接受的好车。

（资料来源：奥鹏学习网。）

4. 关系营销

关系营销是把营销活动看成是一个企业与消费者、供应商、分销商、竞争者、政府机构及其他公众发生互动作用的过程，企业营销活动的核心是建立并发展这些公众的良好关系。

作为企业来说，要满足顾客的需要是生存的第一条件，但是企业还要时刻关注竞争对手的变化，要做到领先竞争对手一步。在和竞争对手的较量中，企业要考虑自己的成本情况，要做到适度领先。

作为管理者，要拿出来一点时间注意倾听顾客的真实需求。在员工中要发展出来一种非正式的倾听文化，要有相关制度保证，并建立正式的顾客抱怨回应制度。要做到这一点需遵循几个步骤：首先要向员工解释走出去和顾客沟通、倾听顾客的重要性；其次是让员工看到你每天和顾客进行至少一次的沟通；再次要鼓励员工走出办公室，尽可能定期去拜访顾客；最后要做一点因为倾听而改变的事情，使倾听变得有意义。所有的一切做下来就成为了一个倾听的循环：

管理人员决定倾听，到发现倾听的办法，到倾听的行为，到依据倾听到的信息做改变，到检查结果，最后回到决定倾听。企业在倾听循环中不断了解顾客，不断进步。

5. 连锁营销

说到连锁经营，企业面临的一个至关重要的问题，就是如何将自己的门店进行复制扩张，把自己企业的成功经验发扬光大。核心因素是具有完全的克隆功能，连锁经营在经营过程中当然是需要进行企业模式的复制，进而完成企业的连锁化发展。

在使用这个工具的时候，企业应当从以下方面入手：首先就是要摸清自己的家底，了解自己的实际能力和现状，扬长避短进行发展；其次就是要将企业的成功经验或所谓的核心竞争力归结出来，进行进一步的提炼，制定出自己企业的标准化管理流程，以便于企业的进一步发展扩张；然后，企业在进行连锁扩张的时候要了解实际情况，要因地制宜，不能盲目照搬。

6. 品牌营销

世界著名广告大师大卫·奥格威就品牌曾做过这样的解释："品牌是一种错综复杂的象征，它是品牌属性、名称、包装、价格、历史声誉、广告方式的无形总和。品牌同时也因消费者对其使用的印象，以及自身的经验而有所界定。"

如何树立品牌呢？

第一步：分析行业环境，寻找区隔概念。你得从市场上的竞争者开始，弄清他们在消费者心中的大概位置，以及他们的优势和弱点。你要寻找一个概念，使自己与竞争者区别开来。

第二步：卓越的品质支持，也就是说必须以质量为根本树立形象。这里所指的质量，是一个综合性品质的概念，包括工程质量、文化质量，还有物业管理质量等。

第三步：整合、持续的传播与应用。企业要靠传播才能将品牌植入消费者心智，并在应用中建立自己。企业要在每一方面的传播活动中，都尽力体现出品牌的概念。

iPad：品牌营销的巨大力量

继 iPhone 之后，iPad 俨然成为另一波数字时尚的潮流。随身带着一台 iPad 不仅吸引众人美慕的眼光，更成为标榜个人走在数字时尚前端的表征。虽然在很多科技实用主义的专家眼中，iPad 被评价得一文不值；但是，从品牌营销的角度，这证实了成功的品牌经营及营销手段所拥有的无比巨大的力量。

iPad 的成功有以下两个最主要的原因。

第一个重要原因是，苹果已经成功地将自己打造成一个数字时尚的品牌。事实上，苹果电脑自从开始 APPLEII 开始，就不断打造出一个独具区隔性的品牌个性。早期苹果电脑成为所有广告公司创意人员以及许多设计师最为钟爱的电脑，到了 iPod 上市之后，苹果更是成功地创造了数字时尚的潮流，让 MP3 随身听成为人手不可或缺的数字道具。苹果这个品牌在数字科技产品中，已经俨然成为时尚品牌当中的 LV、PRADA。

另外一个重要的原因是，苹果成功开拓出一块数字时尚潮流的消费品市场。数字产品向来都是强调功能、性能及效能，其主力消费者也大都是对于数字产品有一定程度的理解及使用能力，并且通常需要一些所谓的专家的建议。但是，苹果却选择将数字产品时尚化，将数字产品卖给广大对于数字产品并不一定具有良好的理解能力，但却想要积极迎合潮流、追求时尚的人群，而这群人相对更具消费购买能力，并且更加注重外观与话题，注重产品本身的造型品味以及品牌的个性。

（资料来源：张志，iPad，再次证明品牌与营销的力量 [J]，互联网周刊，2010 年第 10 期。）

7. 深度营销

深度营销，就是以企业和顾客之间的深度沟通、认同为目标，从关心人的显性需求转向关心人的隐性需求的一种新型的、互动的、更加人性化的营销新模式、新观念。它要求让顾客参与企业的营销管理，给顾客提供无限的关怀，与顾客建立长期的合作性伙伴关系；通过大量的人性化的沟通工作，使自己的产品品牌产生润物细无声的效果，保持顾客长久的品牌忠诚。它强调将人文关怀的色彩体现到从产品设计到产品销售的整个过程之中，乃至产品生命周期的各个阶段。

8. 网络营销

网络营销的本质是一种商业信息的运行。所谓商业信息是可分解为商品信息、交易信息和感受信息三个要素。任何一种商业交换，其实都包含这三种信息，而基于互联网的营销方法就是根据企业经营的不同阶段，制定不同的信息运行策略，并主要通过网络方法来实现的营销设计与操作。

9. 整合营销

众所周知，企业的产品是否能够博得消费者的钟爱，取决于经营者是否对消费者进行了过细的分析和研究。你对他们了解多少？他们对某种商品做出购买决策的真正原因是什么？揭开谜团的关键在于你必须有效地运用"恰当并且出人意料"的利益定位的方法，在消费者的脑海中寻找他们对于你的产品的期望益处的核心要点在哪里，以及如何通过定位策略在消费者的脑海中建立具有差异化的品牌印象。

10. 直销

"直销模式"实质上就是通过简化、消灭中间商，来降低产品的流通成本，并满足顾客利益最大化需求。在非直销模式中，有两支销售队伍，即制造商到经销商，再由经销商到顾客。由于直销直接面对客户，减少了仓储面积并杜绝了呆账，没有经销商和相应的库存带来的额外成本，因而可以保障公司及客户利益，加快成长步伐。

公司要进行直销，首先必须透彻研究顾客需求，而不是竞争对手，通过细分市场和提供异质化产品来切入市场；其次要增加直销的触角，与顾客保持互动，如网上直销、电子商务、DIY 订单接纳、电话直销等；最后要有科学管理直销团队的方法，确保销售团队高效运转。

案例解析

直销的"安利模式"与"戴尔模式"

1. 安利："店铺＋雇佣推销员"直销模式

这种模式的优势，主要有三个方面：一是保证了产品质量。通过直销模式，安利的消费者基本上不会拿到假冒伪劣的产品。二是提供了很好的销售渠道。店铺既是公司形象的代表，又为营销人员提供后勤服务，还直接面对普通消费者，消费者和政府也都因为店铺的存在而更加放心。三是这种模式可直接受益于安利（中国）积极的市场推广手法。"店铺＋雇佣推销员"，在过去两年中安利（中国）光为纽崔莱（营养补充食品）就投入 2 亿元人民币的市场宣传，这让销售代表在营销时更加如鱼得水。

2. 戴尔："按单生产"的直销模式

所谓"戴尔"直销方式，就是由戴尔公司建立一套与客户联系的渠道，由客户直接向戴尔发订单，订单中可以详细列出所需的配置，然后由戴尔"按单生产"。戴尔所称的"直销模式"实质上就是简化、消灭中间商。他在自己所著的《戴尔直销》一书中解释说："在非直销模式中，有两支销售队伍，即制造商销给经销商，经销商再销给顾客。而在直销模式中，我们只需要一支销售队伍，他们完全面向顾客。"

（资料来源：安利直销模式与戴尔直销模式的比较分析，豆丁网。）

11. 数据库营销

企业通过单纯大众化营销及品牌营销走向市场的宏观运作时代即将结束，数据库营销作为一种个性化的营销手段在企业获取、保留与发展客户的各个阶段都将成为不可或缺的企业能力与有力工具。

数据库营销的核心要素是对客户相关数据的收集、整理、分析，找出目标沟通，消费与服务对象，有的放矢地进行营销与客户关怀活动，从而扩大市场占有率与客户占有率，增加客户满意度与忠诚度，取得企业与客户的双赢局面。

12. 文化营销

作为营销学里的文化营销，指的是企业以文化为主体进行营销的行为方式。"言之无文，行而不远；企之无文，行而不久。"意指在企业发展过程中，缺少文化营销是难以取得长足发展的。文化营销强调企业的理念、宗旨、目标、价值观、职员行为规范、经营管理制度、企业环境、组织力量、品牌个性等文化元素，其核心是理解人、尊重人，以人为本，调动人的积极性与创造性，关注人的社会性。

在实施文化营销过程中，应该注意以下几点。

（1）人性化。即符合、满足人的精神需求。

（2）个性化。即要有企业自己的声音。

（3）社会性。即充分挖掘社会文化资源并回归社会。

（4）生动性。即营销技术要灵活、创新、形象、易传播。

（5）公益性。即营销活动必须对社会公众有益。将文化有机地融进营销，就像将钻石镶进白金戒指，形成 $1+1>2$ 的社会价值。

国际营销大师曾经说过："世界在消费麦当劳，其实是在消费美国快餐文化。"而作为优秀品牌，麦当劳在推广产品的同时，实质上是在推广一种生活方式，推广一种文化。

第四节 企业文化创建与管理

一位资深的人力资源经理曾说："员工士气低落，直接影响着企业的业绩，威胁着企业的生存与发展……"一位对管理有很深感悟的企业高层经理曾说："企业管理的最高形式是一种居于价值观的管理，是对'心'的管理。"《基业常青》这本书中有这样一段话："要成为高瞻远瞩、可以面对巨变数十年繁荣发展的持久公司，第一步也是最重要的一点，就是明确核心理念，树立在任何情况下坚持不渝的坚定价值观。"企业如果没有内在价值观，没有文化思想内涵，就如同没有灵魂的人的躯体，它的存在是没有生命力的。如果员工在一个没有"绿洲"和"湖泊"的"荒漠"般的企业环境中，可想而知生存得多么艰难！最终能坚持多久呢？反过来说，没有"绿洲"和"湖泊"的"荒漠"是无法滋生和培育出具有"生命力"的人才的。

一位知名的企业创始人曾说："企业文化应该是包括企业的核心理念、经营哲学、管理方式、用人机制、行为准则、企业氛围的总和，是一个综合体。从根本上讲，企业文化是一个企业生生不息的源泉。良好的企业文化在企业的成长过程中绝不仅仅是一个名词，它是企业发展的动力、源泉，需要企业所有的人共同建设和维护。"小企业靠老板、中企业靠制度、大企业靠文化，这些都说明了企业文化的重要性。

一、创业阶段企业文化的内涵与特性

文化是社会发展的内在源泉，企业文化是企业发展的内在动力，先进的企业文化最终会给企业带来核心竞争力的持续提高。

（一）创业阶段企业文化概述

企业是构成社会经济实体的基本单位，企业在经营管理的过程中必然产生一系列的文化现象。当然，不同的企业有不同的特点，其文化也展现出一定的风貌。

20 世纪 80 年代初，美国哈佛大学（Harvard University）教育研究院的教授泰伦斯·迪尔和麦肯锡咨询公司顾问爱伦·肯尼迪，在长期的企业管理研究中积累了丰富的资料。他们在 6 个月的时间里，集中对 80 家企业进行了详尽的调查，写成《企业文化——企业生存的习俗和礼仪》一书。该书用丰富的例证指出：杰出而成功的企业都有强有力的企业文化，即为全体员工共同遵守，但往往是自然约定俗成的而非书面的行为规范，并有各种各样用来宣传、强化这些价值观念的仪式和习俗。正是企业文化这一非技术、非经济的因素，导致了这些决策的产生以及企业中的人事任免，小至员工们的行为举止、衣着爱好、生活习惯。

关于企业文化，不同的学者有不同的理解。一般认为，企业文化是一种从实际从事经济活动的组织之中形成的组织文化。它所包含的价值观念、行为准则等意识形态和物质形态均为组织中的成员所共同认可。企业文化是企业的灵魂，是推动企业发展的不竭动力。

企业文化包含三个层次。

一是精神层，即渗透到员工思想观念里的文化内涵，它从根源上影响和指导员工的行为。

二是制度层，即通过制度规章等规范员工行为，通过强压方式形成的外层文化。

三是物质层，它具有短暂性和易于粉饰性的特点，如通过改变厂容厂貌、更换员工制服等方法来提升整个企业形象。

虽然处于创业阶段的企业力量比较薄弱，但一样具有自己的企业文化。广义上讲，初创企业的企业文化是指与创业有关的社会意识形态、文化氛围，其中包括人们在追求财富、创造价值、促进生产力发展的过程中所形成的思想观念、价值体系和心理意识，主导着人们的思维方式和行为方式。从狭义上来看，初创企业的企业文化是对于创业期的企业文化建设而言的，一般来说，它首先来自企业家的某些观念、直觉和行为习惯，并作为成文或不成文的条例或规范用以指导和约束员工。通过提炼、规范和长时间的灌输，逐渐融入到员工的行为甚至观念中，久而久之就形成企业独特的价值观和道德观，即企业的文化。

（二）创业阶段企业文化的特性

对于初创企业的企业文化，其特点也比较明显，主要体现在以下方面。

1. 个人光环性

初创企业往往是创业者一手打拼出来的，在企业的方方面面都深深地留下了创业者的思想印记，这种印记也是创业者个人性格的体现。于是，在具体的企业文化形成之时，创业者的思想自然也就融合进去了，个人光环也就由此形成。

2. 自发形成性

创业者对于企业的控制在初期一般是比较强势的，创业者总是在自觉与不自觉间将自己的某些人生观、价值观以及一些行为习惯用以指导和约束员工，久而久之就自发地形成了企业的文化。

3. 非理论性、非系统性、简洁性

处于创业阶段的企业由于其尚处初创阶段，规模小、历史短，其文化往往是模糊的、零碎的，因而具有非系统性。而这些零碎理念的表达则是创立者以朴素、简洁的语言概括，因而没有明确的理念体系。

另外，中小企业在创业阶段没有精力和条件建立系统的企业文化体系，但并不等于创业期的企业可以不要企业文化。恰恰相反，创业企业由于创业物质条件相对匮乏，更需要有自己的核心理念，并以此来鼓舞和激励员工，作出企业正确的战略发展规划。

二、创业阶段企业文化管理的背景及功能

（一）背景

初创企业由于规模小、发展时间短，企业管理水平普遍较低，相当一部分甚至是不规范经营。中国对于初创企业的发展问题，谈到的更多的是要科学管理、提高管理水平，但却很少有人会提倡初创企业要注重文化的建设。很多初创企业主认为，自己是中小型企业，企业的关键是生存，谈不上企业文化建设问题，甚至管理界一些专家也持同样观点。

但事实并非如此，每一个企业在发展过程中，不管规模大小，都必有其独特的文化雏形。这些雏形刚开始可能是来自企业家的某种直觉，它是用来指导和约束员工的成文或不成文的条例和规范，并有意识或无意识地对企业员工进行灌输，使之融入企业管理行为中，使员工自觉自愿地遵守所形成的约束激励机制。久而久之，就逐渐形成了企业自己独特的价值观、道德观，从而形成一种企业凝聚力，使之推动企业高速发展，体现企业文化的真正内涵。

所以，企业文化是企业在工作过程中形成的一种共同的行为方式和价值观，它是企业做事的方式。无论企业规模的大小，凡是企业都需要企业文化。因此，初创企业也肯定存在企业文化的塑造问题，只不过因企业规模和发展阶段不同，企业文化塑造的力度和角度也不同。

（二）功能

对于创业初期的企业来说，企业文化的建设和管理显得更加重要。企业自诞生之日起就同时有企业文化的存在，只是看创业者是否善于创立、管理企业文化。我们知道，企业初建，万事皆新，尤其是新班子、新员工来自五湖四海、各个层面，每个人都带着各自过去的经历，有自己的文化认识。这一时期，是多种文化交融和碰撞最为激烈的时期。如果没有主导性的企业文化对各自的思

想和行为进行规范，企业就难以形成统一意志、统一规范和统一行动。

因此，企业初建时期，就必须把企业文化建设与厂房、设备等硬件建设置于同等重要的地位进行综合统筹。同时也应看到，企业初建时期也是企业文化建设成本最低的时机，这是因为初建时期的企业文化没有定型，尚处在发育时期，没有变革的阻力，一张白纸可以勾画出最美的图画。所以，创业者一定要意识到企业文化管理所具有的以下几个功能。

1. 导向功能

企业文化能从意识形态的深层次塑造或改变人的思维方式，从而决定其行为方式。创业初期企业文化集中反映企业创业团队及全体员工共同的价值观念、理想信念和共同利益，对企业中的每一位人员都具有一种无形的巨大感召力。

团队的文化作为共同价值观念和共同利益的表现，决定了企业行为的方向，规定着企业的行动目标。在团队文化的引导下，企业建立起反映企业文化精神实质的、合理而有效的规章制度。团队的文化引导着企业及其创业成员朝着既定的发展目标前进。

2. 凝聚功能

共同的价值观、信念和利益追求使员工产生对企业的归属感和共同体意识。先进的企业文化会使企业员工产生对企业高度的归属感，对于创业初期的企业来说，为实现共同的目标而努力奋斗常常是发展的动力源泉。因此，增强凝聚力、有共同价值观念是创业团队成功的关键要素之一。

3. 激励功能

企业文化的激励作用是指企业文化本身所具有的，通过各组成要素来激发员工动机与潜在能力的作用，它属于精神激励的范畴。具体来说，企业文化能够满足员工的精神需要，调动员工的精神力量，使他们产生归属感、自尊感和成就感，从而充分发挥他们的巨大潜力。一旦员工对企业文化产生了强烈的共鸣，那么企业文化的激励功能就具有了持久性、整体性和全员性的特点和优势。

4. 约束功能

企业文化可以形成舆论压力、理智压力和感情压力。在企业中，部分员工的机会主义倾向可能会对企业的集体利益产生损害，于是就有了制度，但制度在某些情况下又不能面面俱到，于是就有了非正式的制度，这个非正式的制度体现出来就是企业文化。心理学的研究也表明，人们越能认识自己行为的意义，行为的社会意义就越明显，就越能产生行为的推动力。因此，优秀的企业精神文化可以降低企业运行的费用，达到最佳的约束功能。

三、创业阶段企业文化管理中存在的问题

初创企业在成立之初往往只是出于盈利的目的，企业文化的体现往往是粗略、模糊甚至是散乱的。但是，随着企业的发展和壮大，企业文化的重要程度日益显现，以往对于企业文化的认识需要重新定位、梳理。这也就是为什么要提出创业阶段企业文化管理。

（一）个人光环在一定程度上限制了企业文化的发展

创业之初，创业者作为管理者和领导者，在企业中发挥着巨大的作用。他或她的很多行为和观点直接或间接地影响着企业的工作风格和员工的行为，这时候个人光环影响着企业，但这样的光环并不能成为真正意义上的企业文化。

创业者并不都是完美的，有的创业者的优点体现在勤奋，有的体现在市场眼光很独到，有的则体现在善于团结员工。但不可能所有的创业者都具备所有这些优点，而一个成功的企业却往往需要所有的这些优点，这就需要企业文化来整合。企业不再以创业者为主角，而是以企业为出发点，创业者作为推动者，在精神层、制度层、行为层三个层面科学系统地构建企业文化。

（二）企业文化不能任其自由发展

企业只要存在，就一定会有企业文化存在，只不过这些文化没有被提炼、整理。而且，每个人有自己认可的企业文化，或稳重保守、或积极主动。如果企业任由这些风格发展，非常可能的结果就是企业没有文化，团队犹如一盘散

沙。所以，企业文化需要管理者主动提炼、发展和推广，不能任由其发展。

（三）企业文化需要有明确具体的理念体系

理念体系是一个系统完整的企业理念宣言，包括愿景、使命、宗旨、价值观、哲学、精神、经营理念、人才理念、营销理念等，目的是为企业的发展提供具有战略意义的指导方针和经营思想。企业在创业阶段没有必要也不可能建立系统的文化理念体系，但不是说就可以没有自己的理念。没有核心理念的企业，就如同一个没有主见的人，人云亦云，随波逐流。很多中国的民营企业之所以会长不大或者遇到成长的瓶颈，大多是跟自己没有核心理念有关，不知道自己想要什么，发展比较盲目。所以，创业阶段的企业必须要有自己的核心理念。

（四）初创企业的文化需要强势推行

强势的企业文化在对员工行为的影响和企业的外在表现上体现得非常明显。初创企业由于企业规模小、资金不足、实力弱，往往要求创业者审时度势、精打细算、集权控制，其企业文化也是基于此提炼而出的。这样的文化当然需要企业全体员工共同遵守，于是，强势的推行必不可少。

四、创业阶段企业文化塑造的途径

索尼的创业故事也许值得我们深思。井深大（1908—1997）于1945年在日本战败后的废墟中创立索尼时，除了考虑公司的产品和营销，也做出了一件非常罕见的事情：为这个新创的公司确定一种以创新为核心的理念，包括明确的价值观、企业目标和管理方针，这些都是索尼公司文化的核心。40年后，索尼CEO盛田昭夫（1921—1999）用简洁优美的声明重新阐述公司的理念，并称之为"索尼的先驱精神"。这种精神起源于公司创立之初，半个多世纪基本不变，是公司重要的指导力量。塑造企业文化是一个系统的工程，只有通过这些活动的互相作用，企业文化的建设才能完整、有效。

（一）确定企业文化的模式

企业的性质决定企业文化的性质，而企业文化模式则是社会和企业生产关系的具体形式。社会经济文化生活和企业经营活动的一切方面、一切环节都会直接、间接地通过企业文化反映出来。在通常情况下，企业选择文化模式的一般依据是生产力发展水平、生产关系的性质、国情和企业个性。有人把中国企业文化模式归纳为风险型、竞争型、稳妥型、保护型四种。

风险型文化模式所关注的不只是企业眼前的利益，更要关心企业的未来，他们为未来发展的拼搏精神和投资意识都是不同凡响的。这些企业的领导决策果断，态度坚决。由于风险型企业文化存在着成功和失败两种可能，如果能够减少风险、战胜风险，往往会取得比其他企业更大的回报。

竞争型文化模式既重视同其他企业的竞争，也重视企业内部部门之间和个人之间的竞争，善于通过各种竞争去解决问题，提高企业效率。

稳妥型文化模式较多地看到已经取得的企业业绩，多有戒备的心理和守业的心态，一切求稳渐进。由于他们行动迟缓，往往失去经营的良机。

保护型文化模式重视已有的管理规范的程序化，习惯一切照章办事，不思创新，对如何随环境变化创企业新路缺乏动力。

四种文化模式各有利弊，为了企业更好地去迎接未来的竞争和挑战，就需要企业在创立之初就确定下企业的发展模式。

（二）形成企业理念

企业文化的功能与企业理念的功能多有重复或相似，而企业理念作为企业文化的核心，其主导与提携作用是十分明确的。企业理念之所以成为企业活力的源泉，成为调动员工积极性的动力，是因为，一方面理念能把广大员工的潜力发掘出来，使之服务于该企业共同的事业；另一方面能使个人目标和企业目标得到统一，减少企业的"内耗"。企业理念的确定需要从企业理念定位、企业个性化以及事业领域界定这几个方面来综合考虑。当然,企业理念识别作为企业识别系统(CIS)的一个组成部分,还需要企业的视觉识别和行为识别来共同帮助企业文化的建立和形成。

(三)创业者要成为企业文化的缔造者和推动者

《哈佛商业评论》主编、美籍华人忻榕博士指出,企业文化取决于老板,尤其是创业老板,不仅在中国,西方也是如此。企业领导者是企业文化的龙头,要塑造和维护企业的共同价值观,领导本身就得成为这种价值观的化身,并通过自己的行动向全体成员灌输这种价值观。领导者要充分发挥倡导作用、典范作用、推动作用、创新作用,既要注重对企业文化的总结塑造、宣传倡导,也要表率示范,在每一项具体工作中都体现企业的价值观,并不断创新。

(四)企业文化要强化其执行力

经过企业发展战略的规划,核心能力以及核心价值观的形成,企业文化初步成型,而这仅仅是开始,企业成员对于企业文化还只是停留在了解阶段,让企业成员高度认同企业价值观并将其转化为自觉行为才意味着长期的胜利。企业文化的建立需要企业坚定切实地执行其所倡导的一切。这就要求:第一,领导团队身体力行,带头实施执行文化;第二,企业文化的精神层需要物质层和制度层的保障;第三,强调团队精神;第四,培养员工的创新精神。

参 考 文 献

［1］［美］巴林杰.创业计划书［M］.陈忠卫 译.北京：机械工业出版社，2009.

［2］曹启娥.高校培养大学生创新创业能力研究［J］.河南教育：高校版，2011(8).

［3］丁继安，翁士增，李晓英.大学生创业实践［M］.杭州：浙江大学出版社，2011.

［4］高飞.大学生创业与就业研究［J］.山东省青年管理干部学院学报，2008(3).

［5］黄晓波，陆文，等.大学生创新能力培养策略探索［J］.上海工程技术大学教育研究，2008(3).

［6］胡桂兰，梅强，朱永跃.创业团队对创业绩效的影响研究——基于78个网络创业团队的调查分析［J］.科技管理研究，2010(6).

［7］林嵩.创业资源的获取与整合——创业过程的一个解读视角［J］.经济问题探索，2007(6).

［8］刘素婷，孙彦东.大学生提高创业素质的途径［J］.商业经济，2011(18).

［9］雷卫平.略论大学生创业素质的培养［J］.教育理论与实践，2010(24).

［10］李作战.从创业团队的形成模式探究高绩效创业团队的特征因素［J］.中国市场，2008(48).

［11］莫凡.大学生创业素质调查及创业能力培养主要途径探析［J］.教育导刊，2011(8).

［12］曲升刚，孙穗.社会主义核心价值观视角下大学生创新创业教育的引导路径［J］.广西教育，2016(27).

［13］孙庆珠.当代大学生创业教育［M］.北京：国防工业出版社，2010.

［14］王利明.知识经济背景下的企业营销策略［J］.合作经济与科技，2012(6).

［15］王焰新.高校创新创业教育的反思与模式构建［J］.中国大学教学，2015(4).

［16］许朗.创业家素质与创业资金的筹措［J］.南京社会科学，2004(22).

［17］新锦成研究院.大学生创业基础［M］.北京：现代教育出版社，2015.

［18］姚裕群.人力资源开发与管理概论：第 2 版［M］.北京：高等教育出版社，2005.

［19］柚臻.创业者［M］.北京：新世界出版社，2010.

［20］张代利.新时代经济转型升级背景下高校创新创业教育路径探析［J］.人力资源管理，2017(12).

图书在版编目(CIP)数据

大学生创业基础/牛淑珍主编. —上海:复旦大学出版社,2020.6
ISBN 978-7-309-14682-0

Ⅰ.①大… Ⅱ.①牛… Ⅲ.①大学生-创业-高等学校-教材 Ⅳ.①G647.38

中国版本图书馆 CIP 数据核字(2019)第 245304 号

大学生创业基础
牛淑珍 主编
责任编辑/姜作达

复旦大学出版社有限公司出版发行
上海市国权路 579 号 邮编:200433
网址: fupnet@ fudanpress.com http://www.fudanpress.com
门市零售: 86-21-65102580   团体订购: 86-21-65104505
外埠邮购: 86-21-65642846   出版部电话: 86-21-65642845
上海四维数字图文有限公司

开本 787×960 1/16 印张 15.75 字数 231 千
2020 年 6 月第 1 版第 1 次印刷

ISBN 978-7-309-14682-0/G·2046
定价: 38.00 元